Dieses Buch gehört:

Liebe Eltern, liebes Kind,

Herzlich willkommen in diesem Buch!

In diesem Buch erwarten euch viele tolle Aufgaben, die es zu lösen gilt.

Mein Ziel ist es, lehrreiche Übungen mit einer Menge Spaß zu verbinden.

Ich hoffe, dass auch euch dieses Buch viel Freude bereitet

und eine lehrreiche Beschäftigung ist.

Ich wünsche euch von Herzen viel Spaß

mit diesem Buch!

Lilly Wiesmann

Der Buchstabe A

A wie Affe

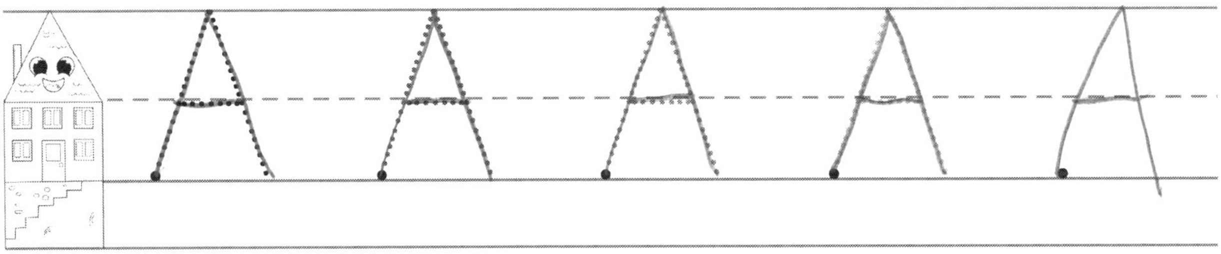

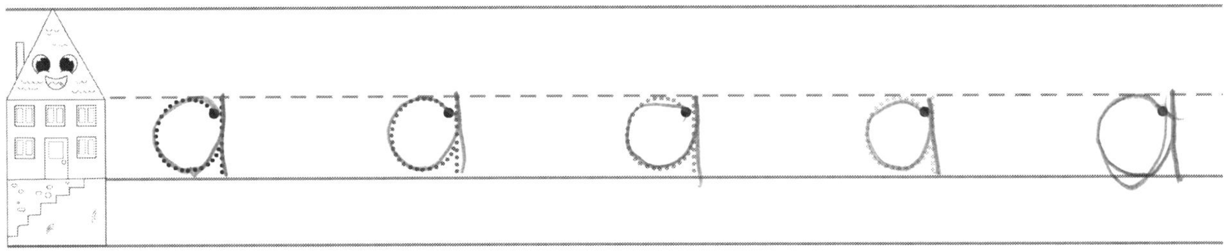

Finde den richtigen Weg zu dem Buchstaben A

Der Buchstabe B

B wie Burg

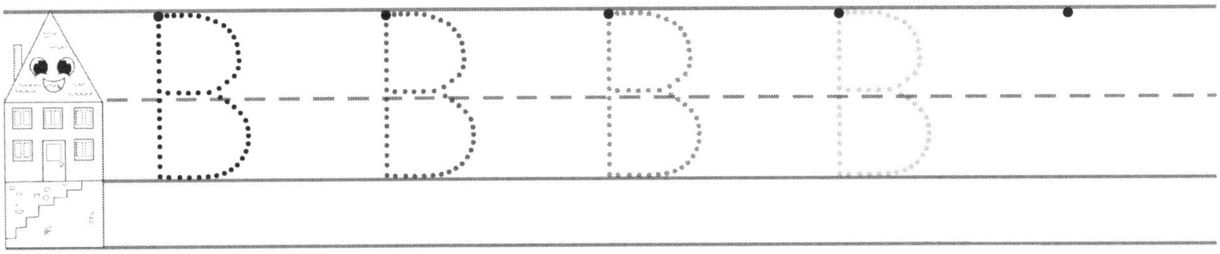

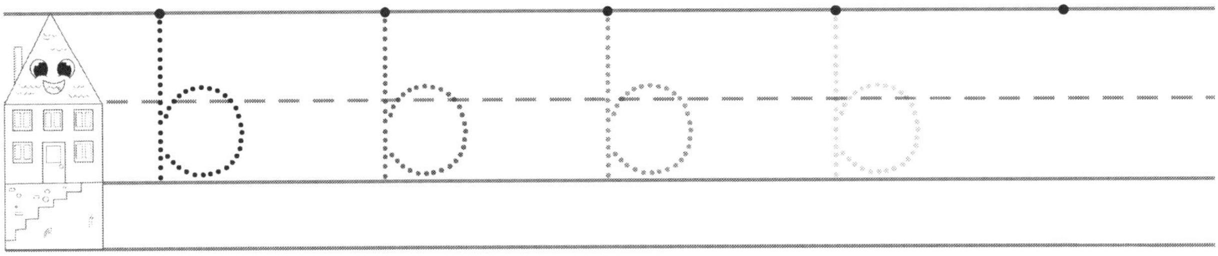

Finde den richtigen Weg zu dem Buchstaben B

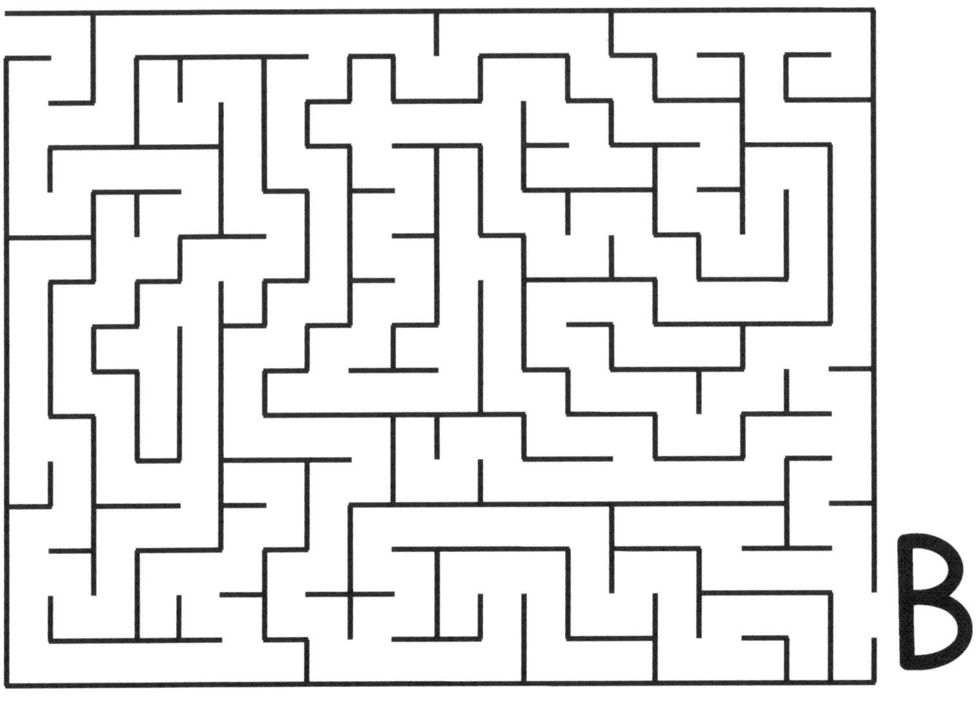

B
B
B

Der Buchstabe C

C wie Cowboy

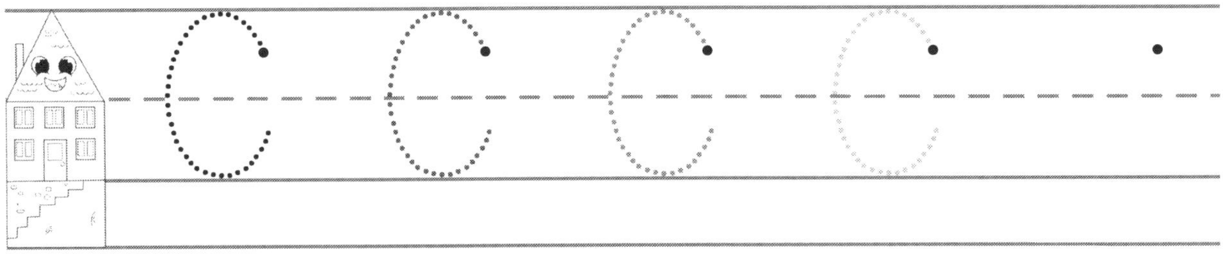

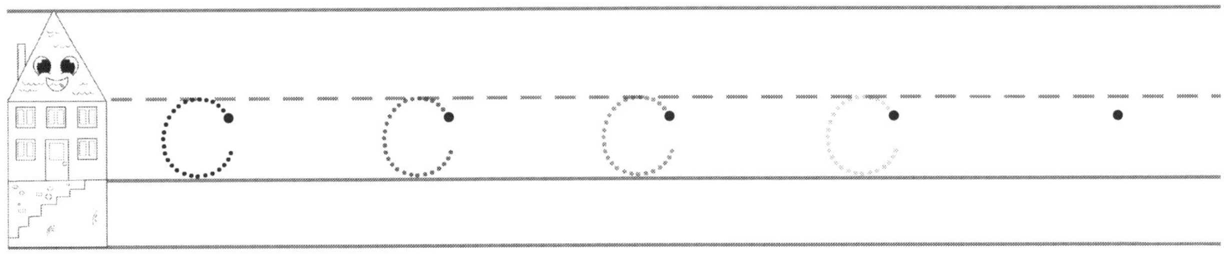

Finde den richtigen Weg zu dem Buchstaben C

C

Der Buchstabe D

D wie Doktor

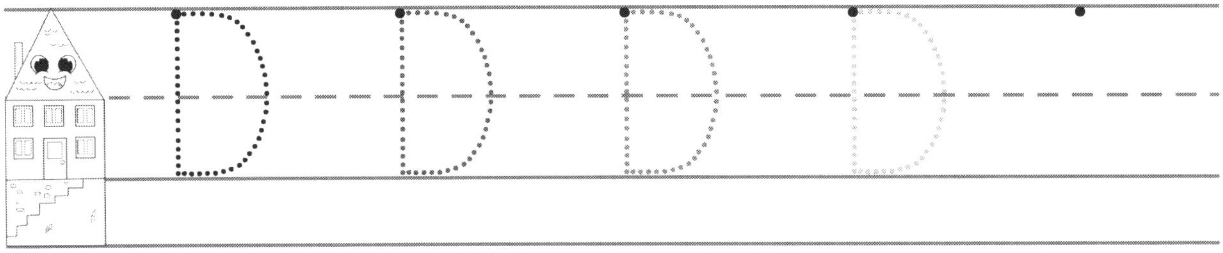

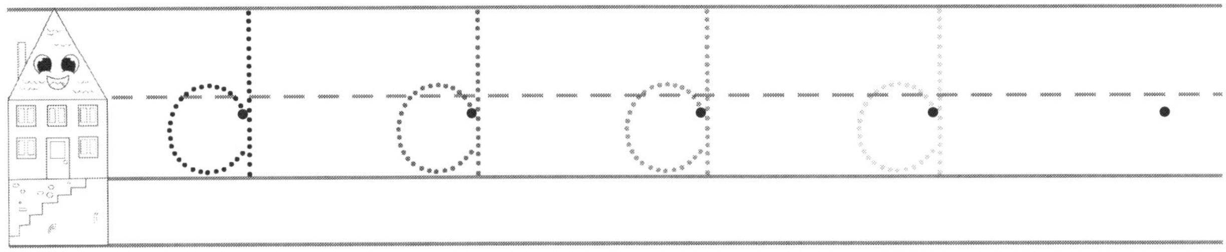

Finde den richtigen Weg zu dem Buchstaben D

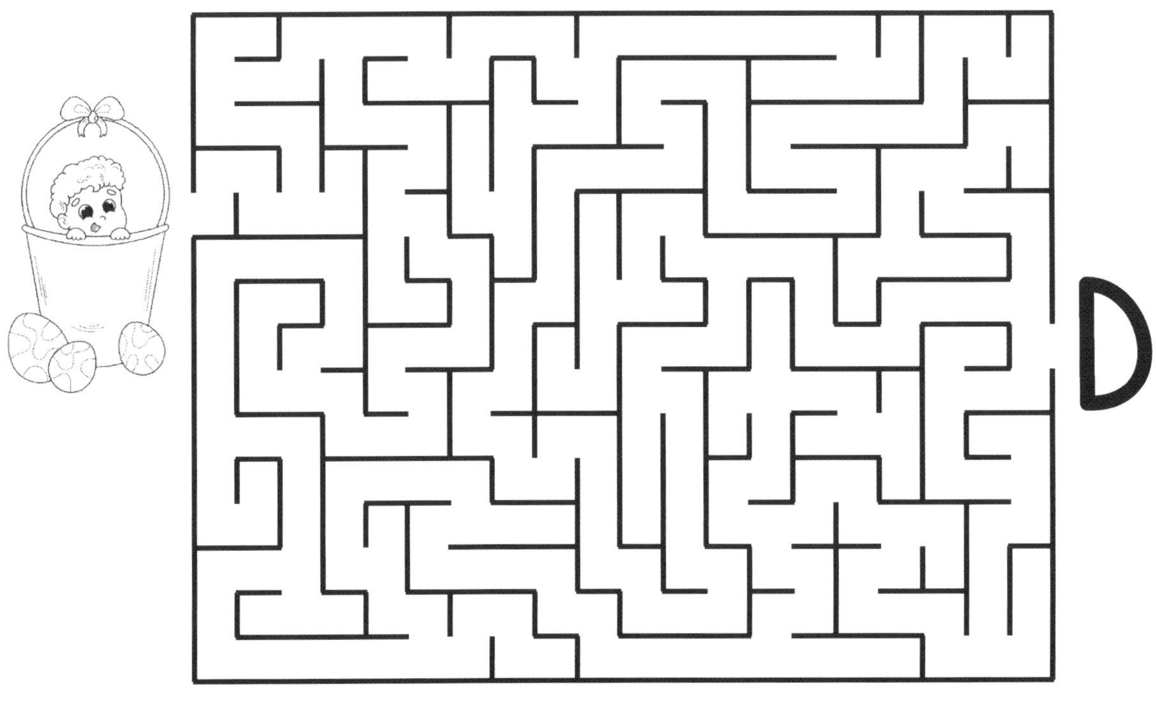

Der Buchstabe E

E wie Elefant

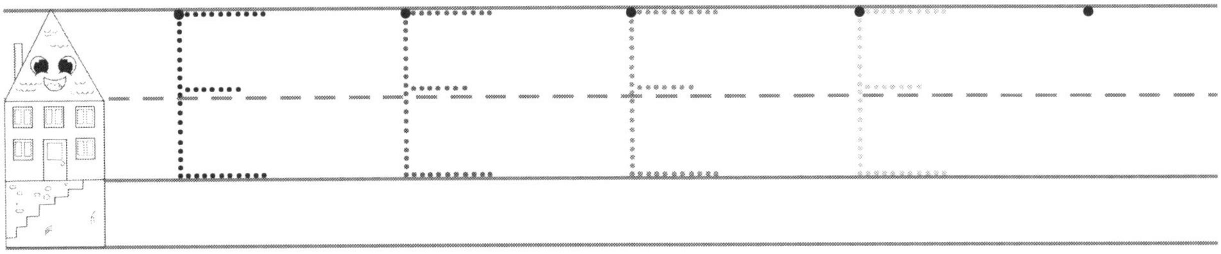

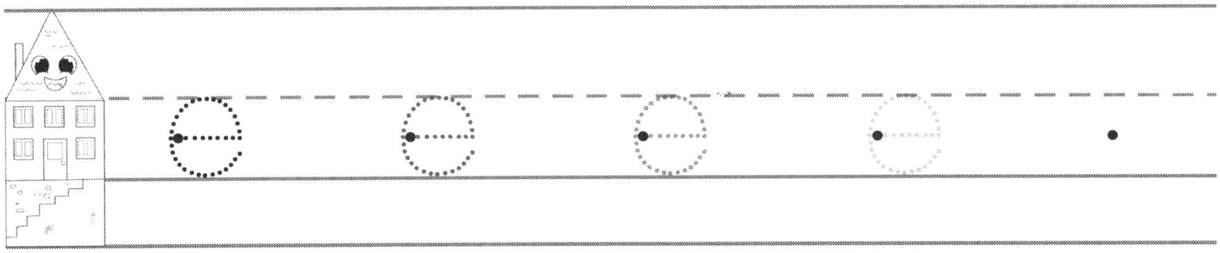

Finde den richtigen Weg zu dem Buchstaben E

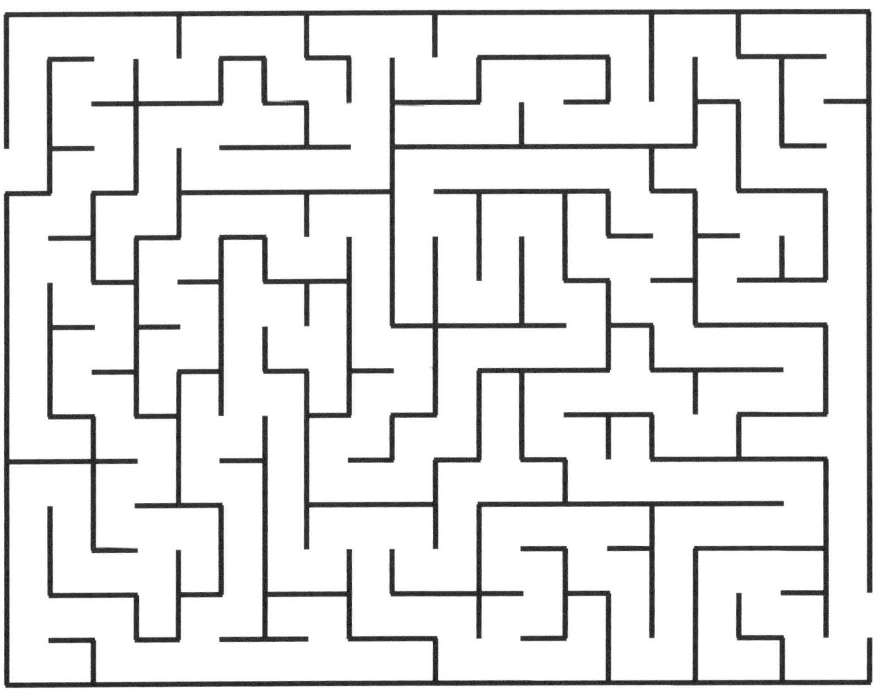

E

Der Buchstabe F

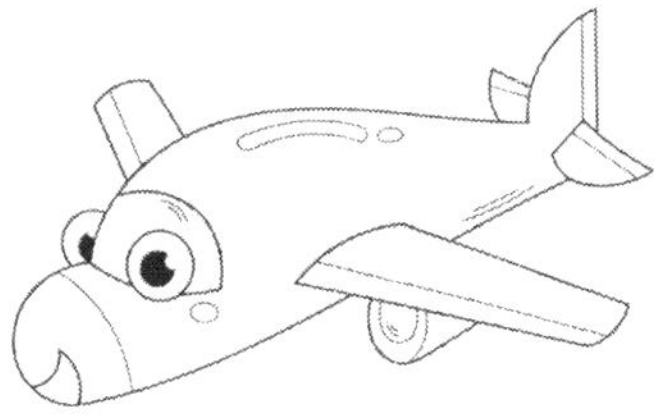

F wie Flugzeug

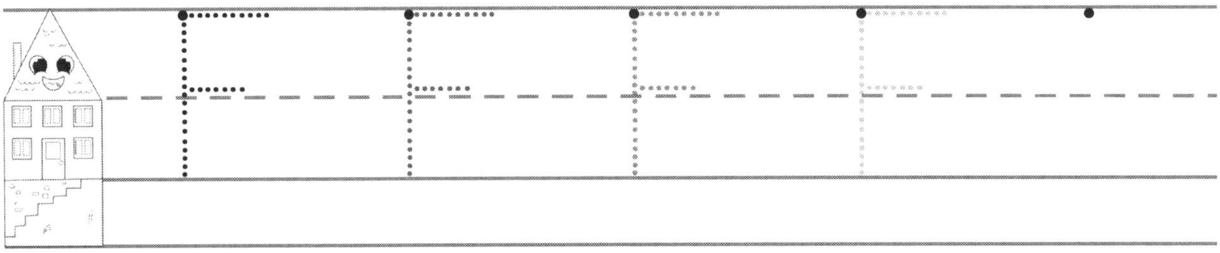

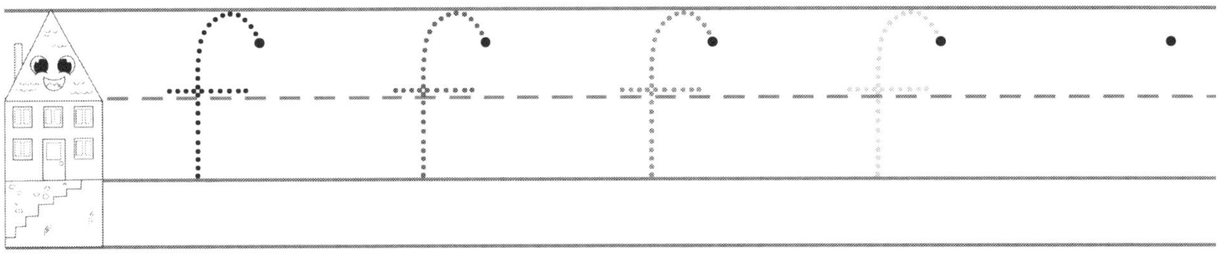

Finde den richtigen Weg zu dem Buchstaben F

Der Buchstabe G

G wie Giraffe

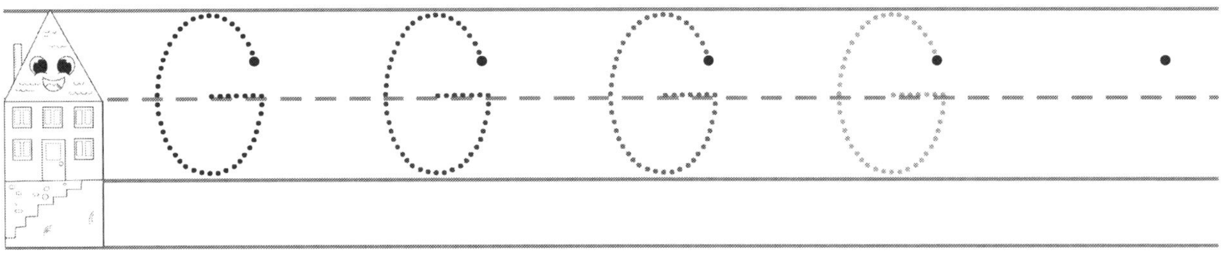

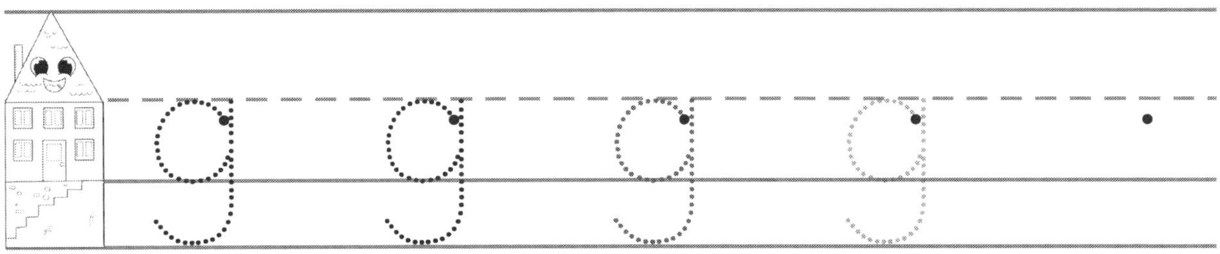

Finde den richtigen Weg zu dem Buchstaben G

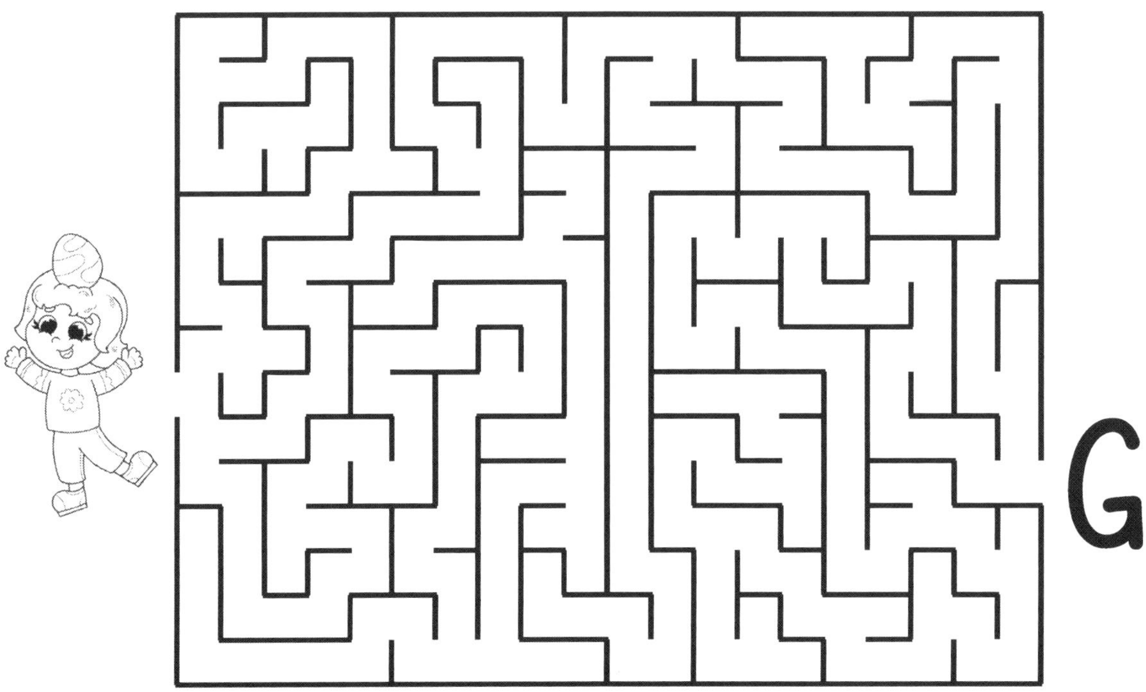

Der Buchstabe H

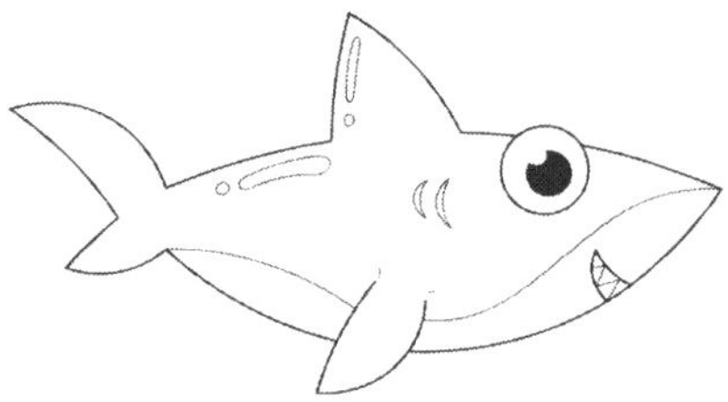

H wie Hai

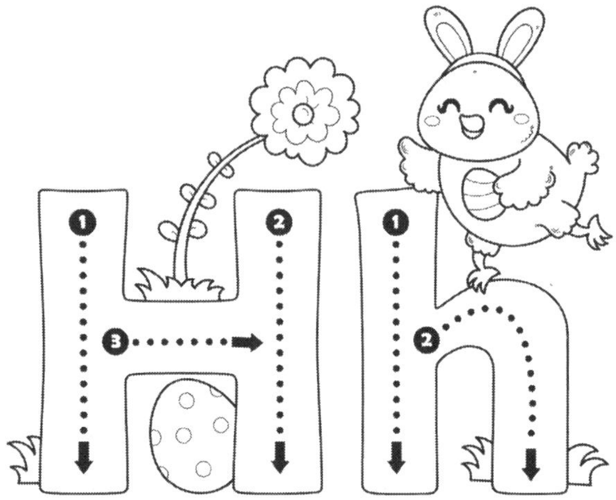

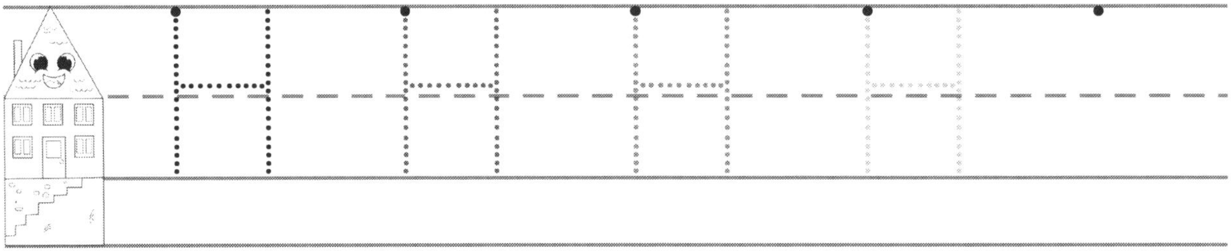

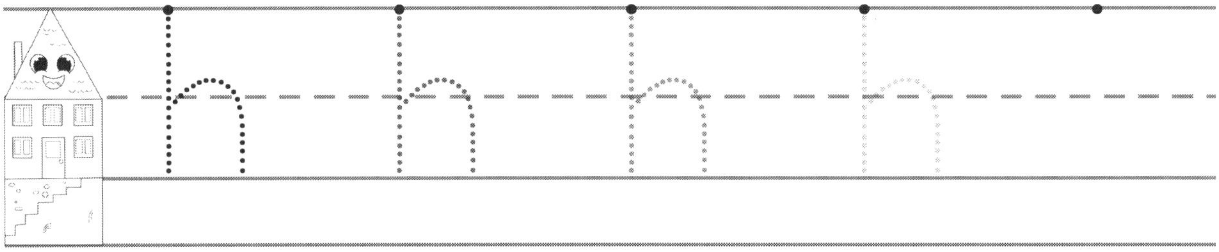

Finde den richtigen Weg zu dem Buchstaben H

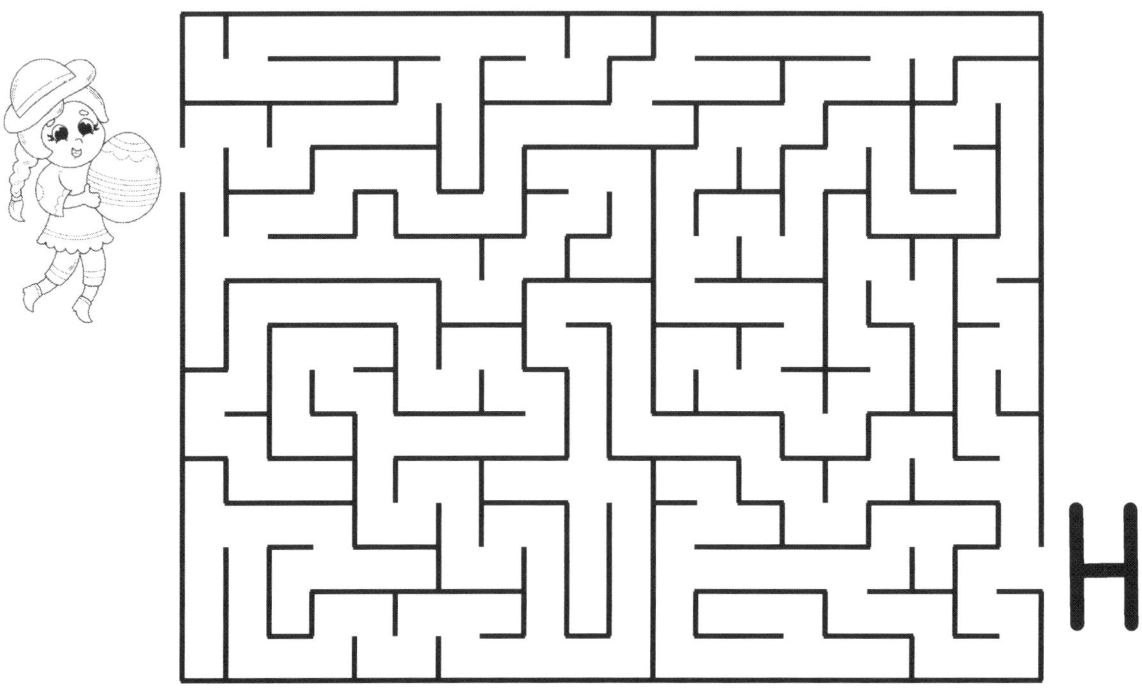

Der Buchstabe I

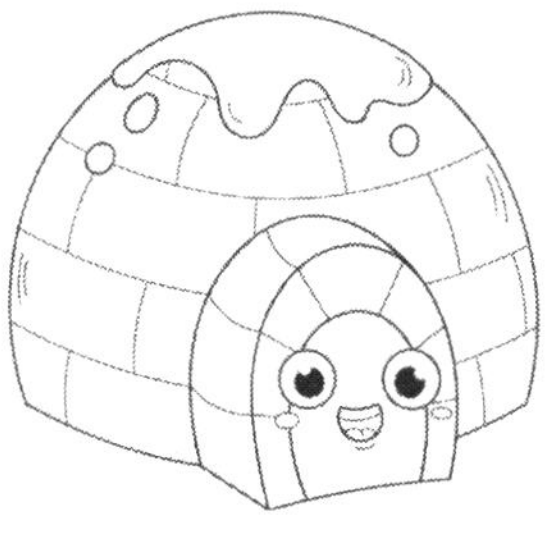

I wie Iglu

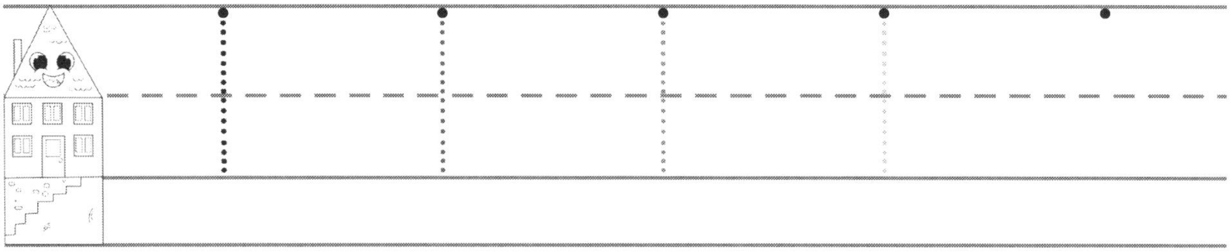

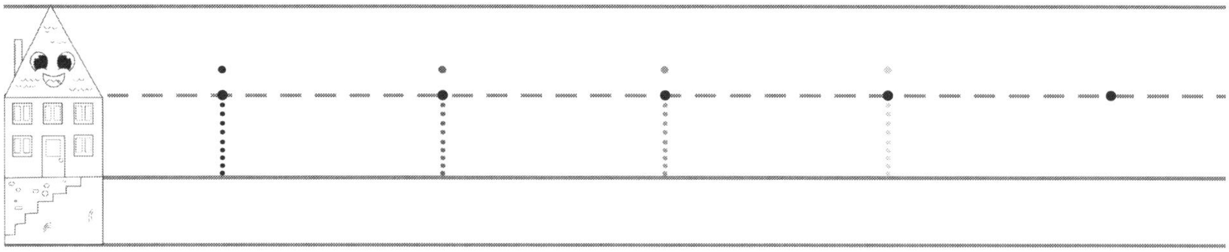

Finde den richtigen Weg zu dem Buchstaben I

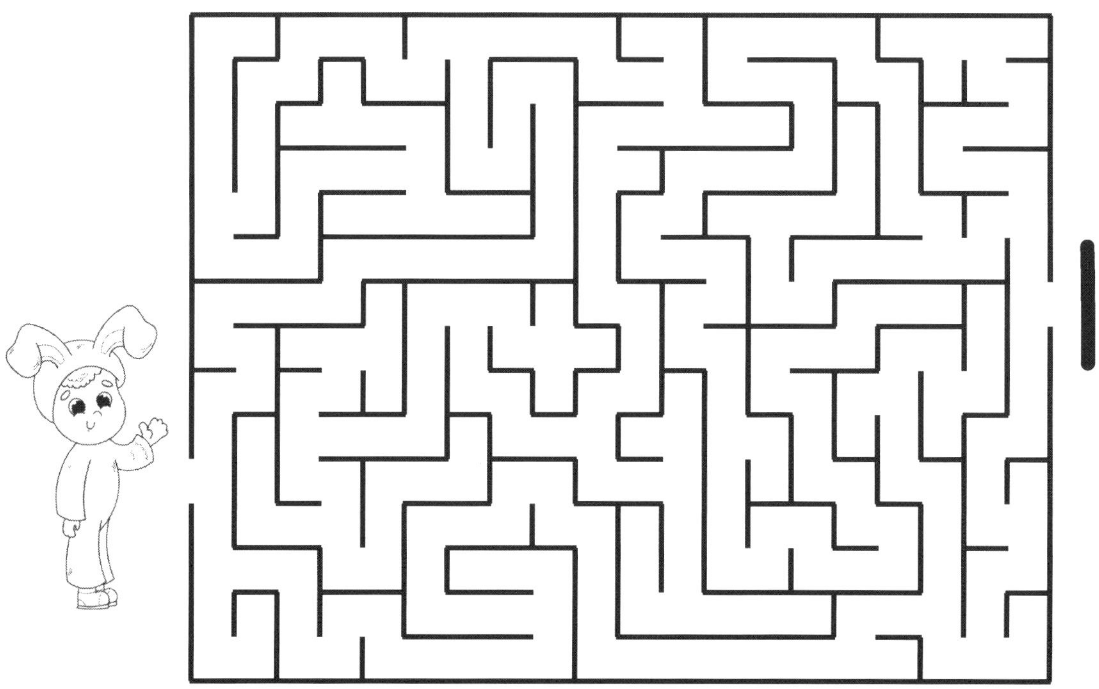

Der Buchstabe J

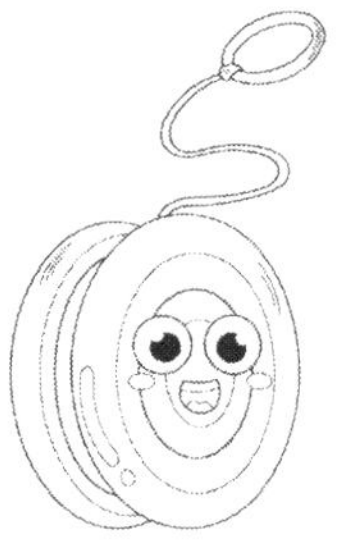

J wie Jo-Jo

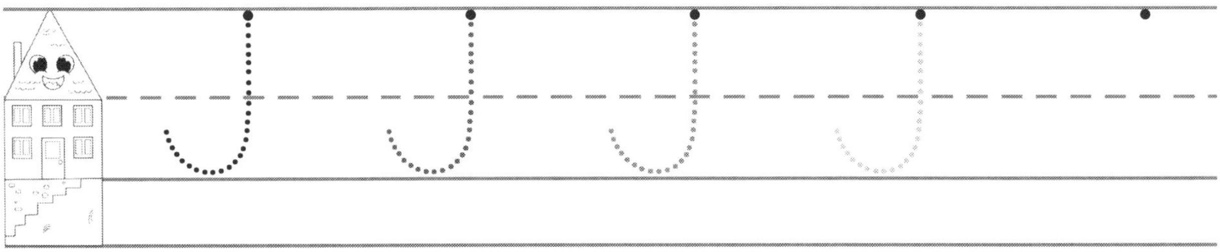

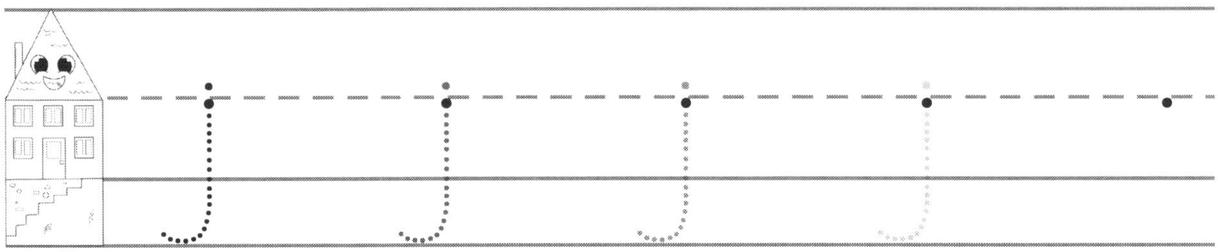

Finde den richtigen Weg zu dem Buchstaben J

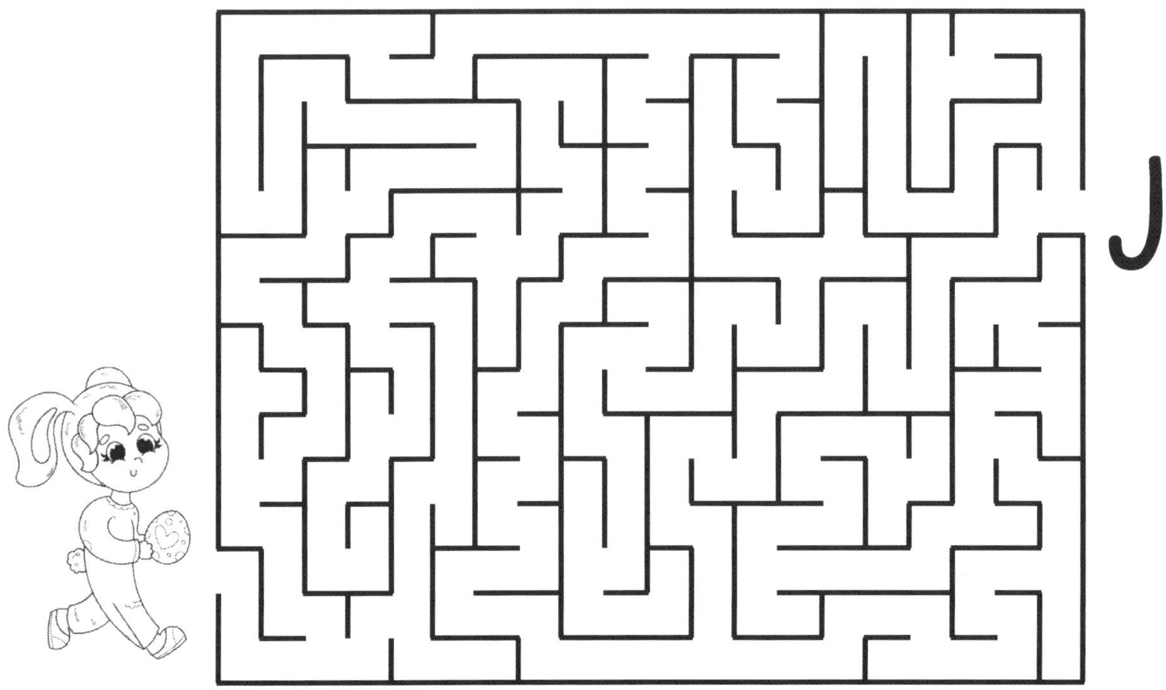

Der Buchstabe K

K wie König

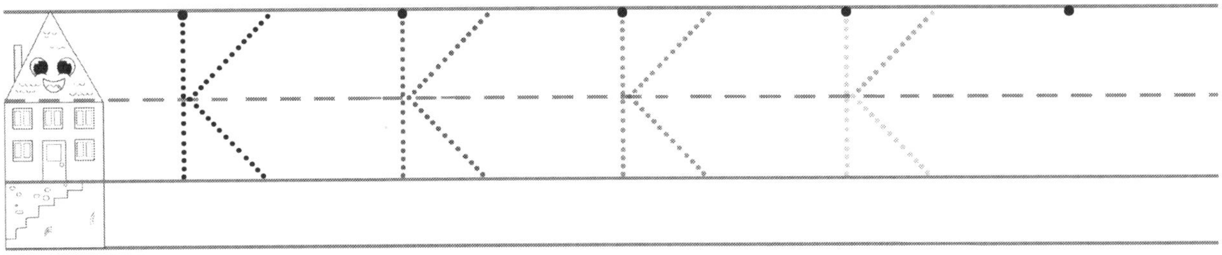

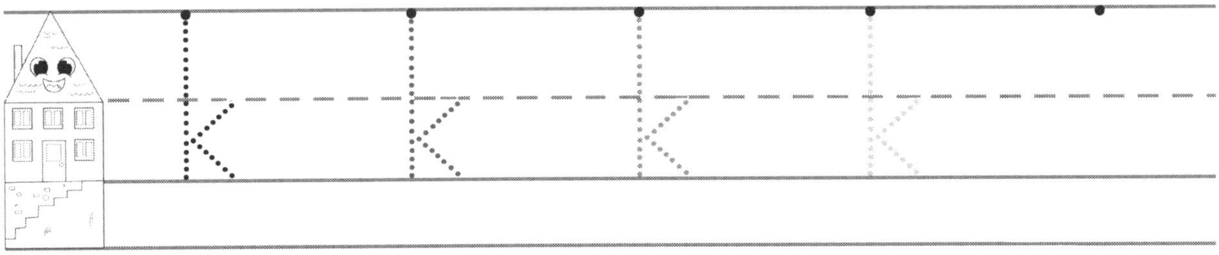

Finde den richtigen Weg zu dem Buchstaben K

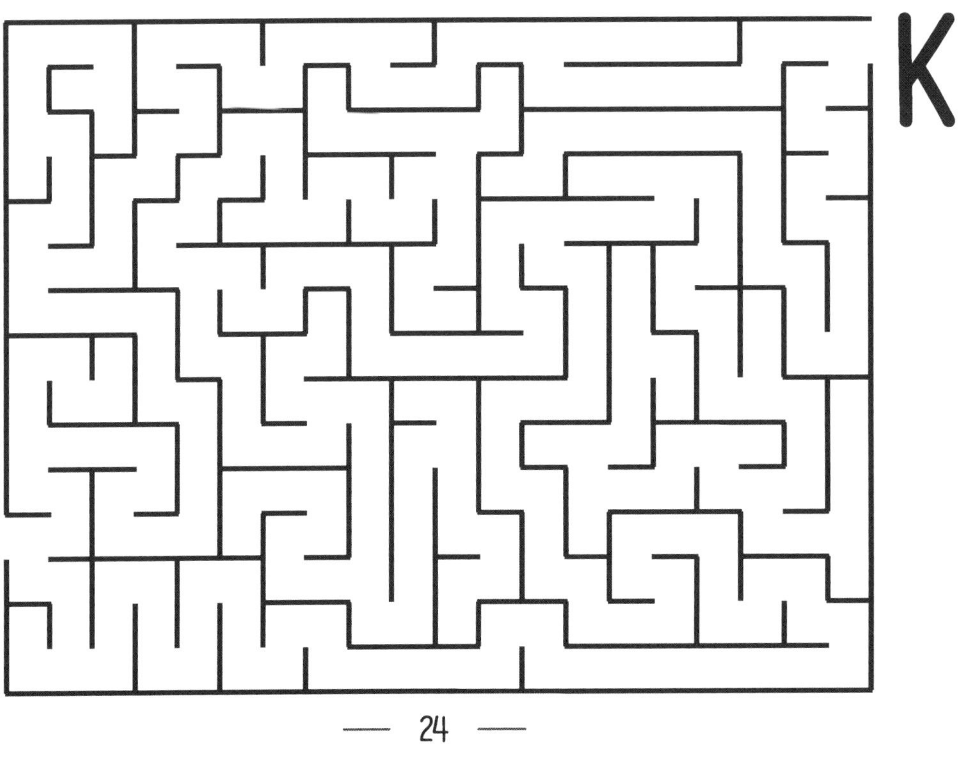

Der Buchstabe L

L wie Löwe

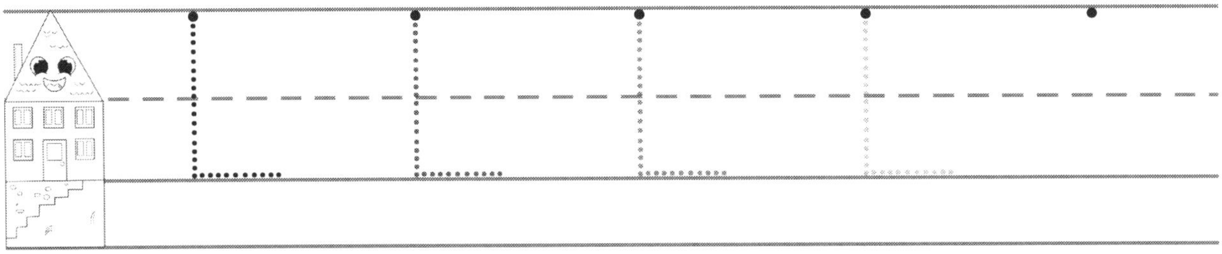

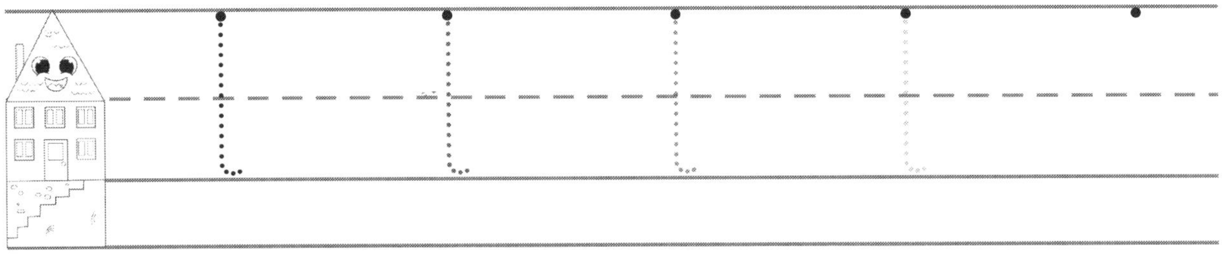

Finde den richtigen Weg zu dem Buchstaben L

Der Buchstabe M

M wie Mama

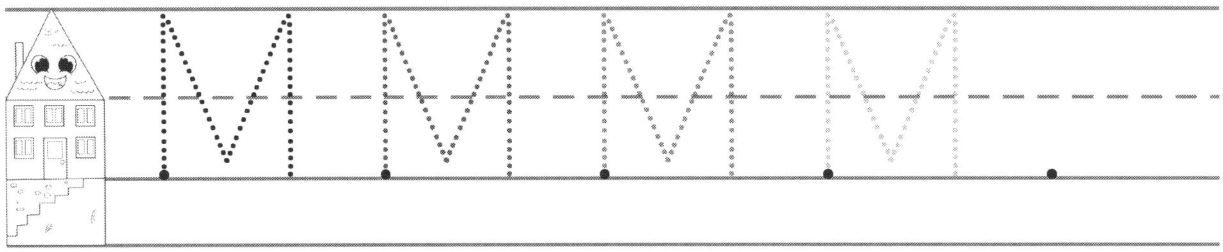

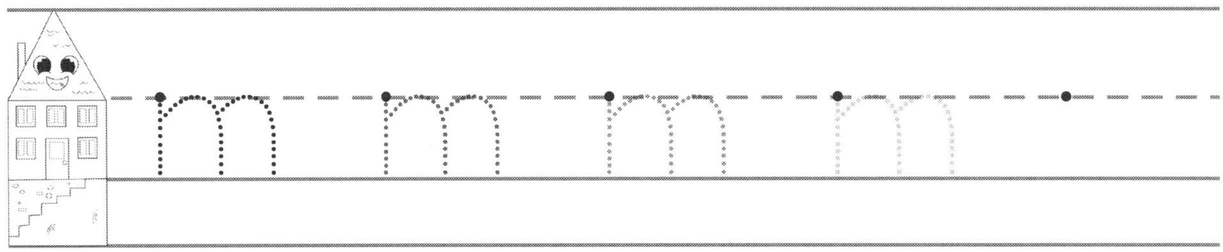

Finde den richtigen Weg zu dem Buchstaben M

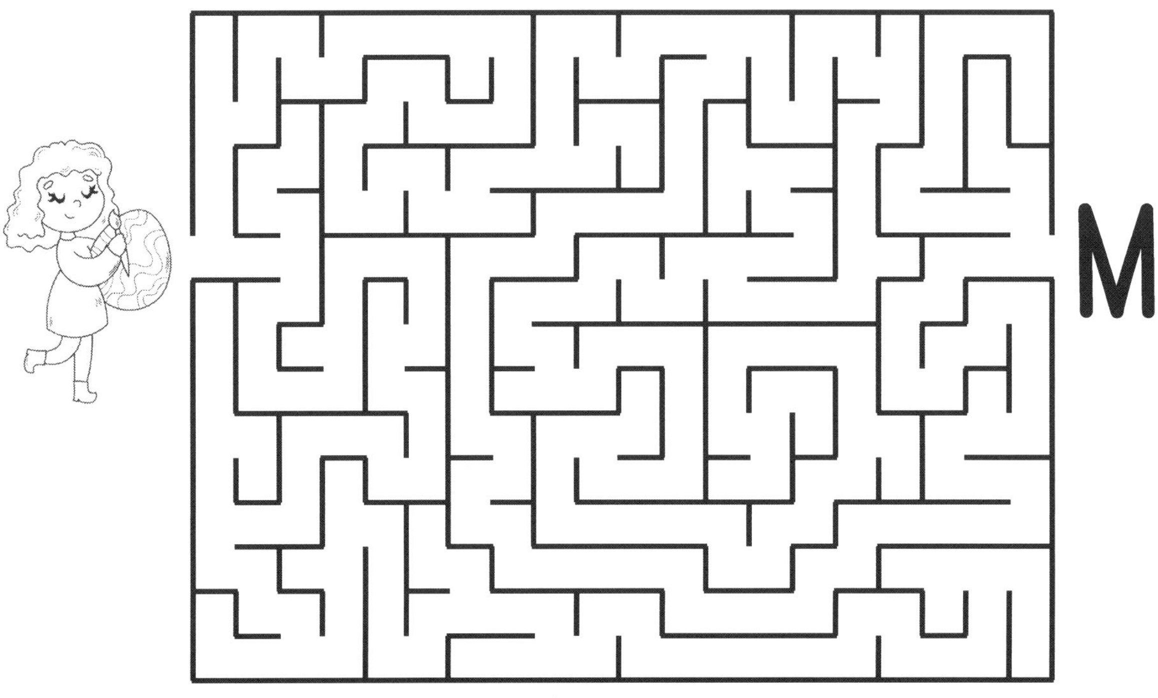

M
M
M

Der Buchstabe N

N wie Nashorn

Finde den richtigen Weg zu dem Buchstaben N

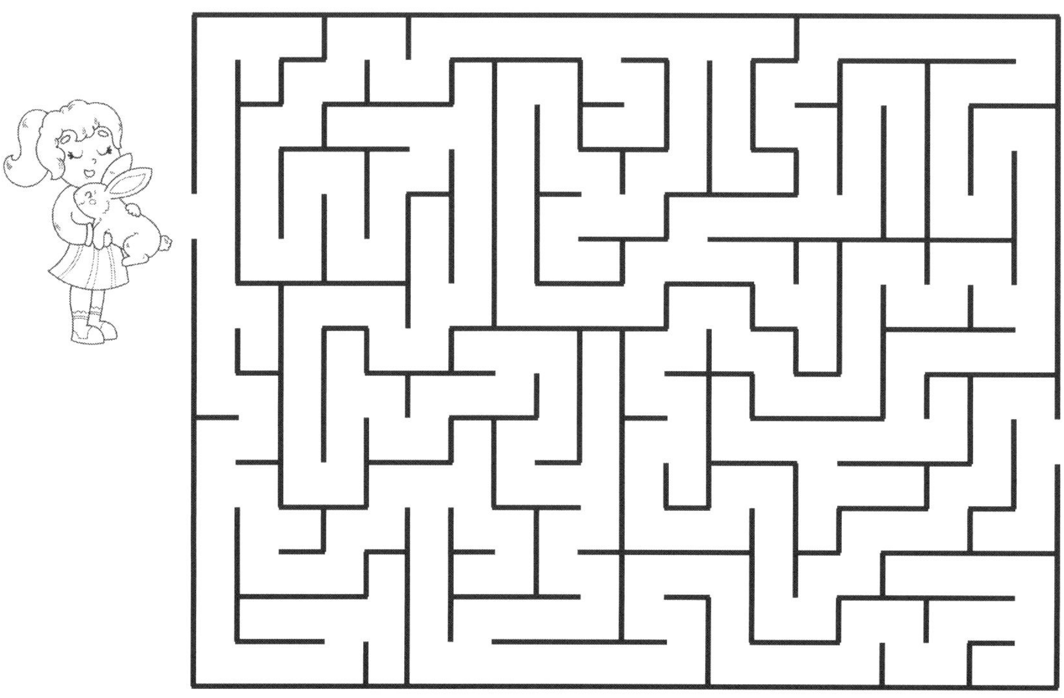

N

Der Buchstabe O

O wie Opa

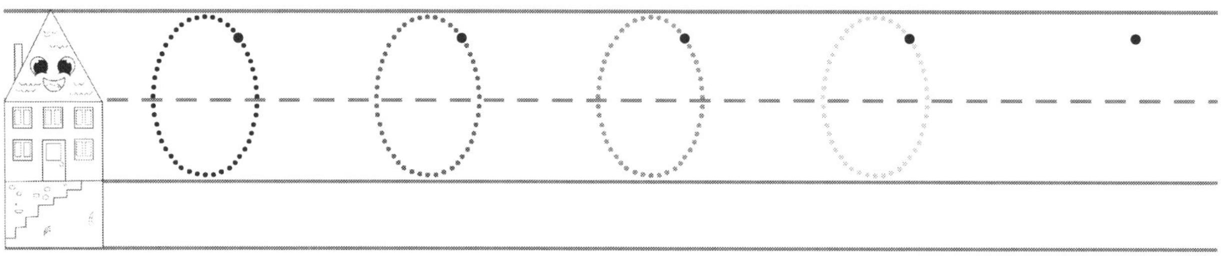

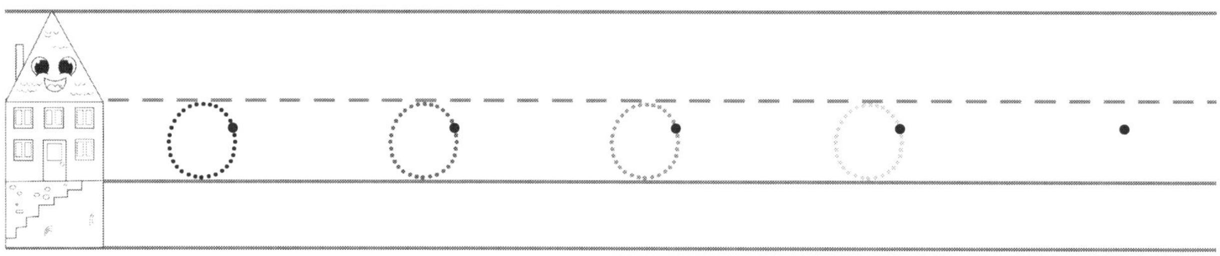

Finde den richtigen Weg zu dem Buchstaben O

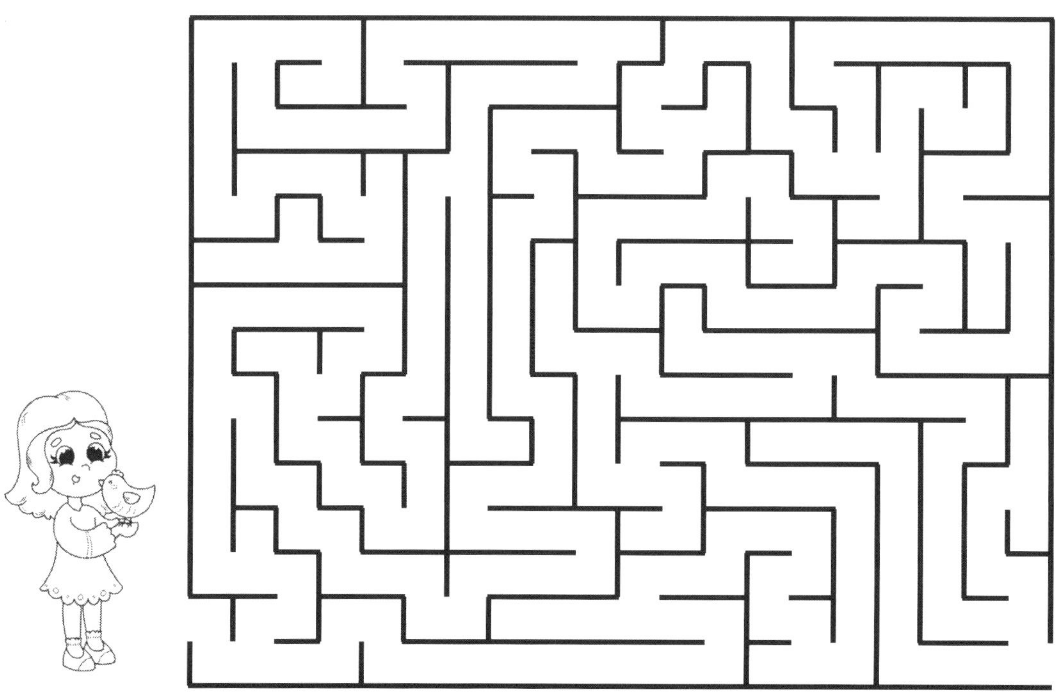

O

Der Buchstabe P

P wie Pinguin

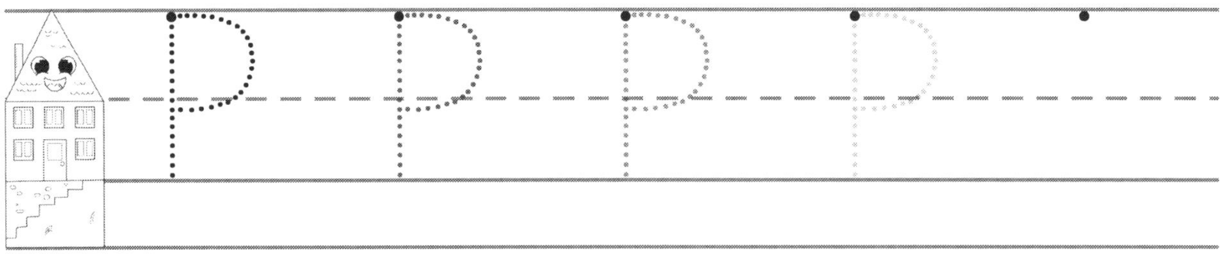

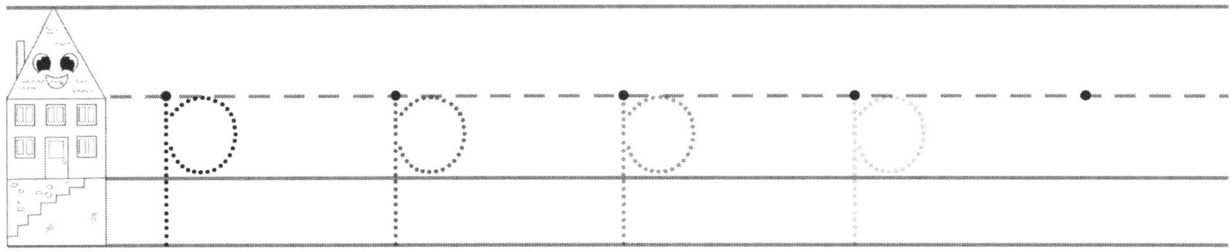

Finde den richtigen Weg zu dem Buchstaben P

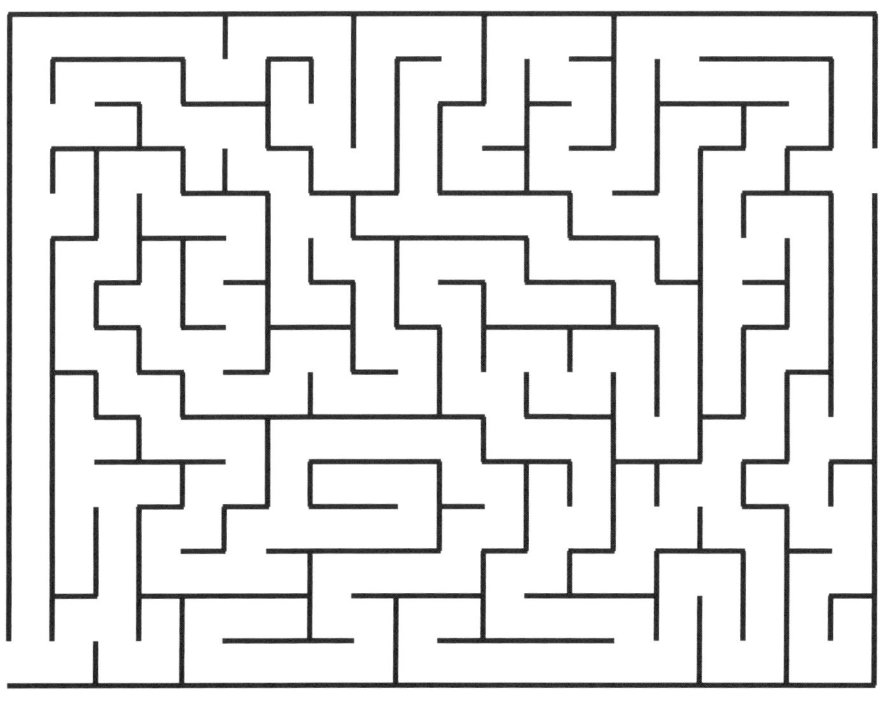

P

Der Buchstabe Q

Q wie Qualle

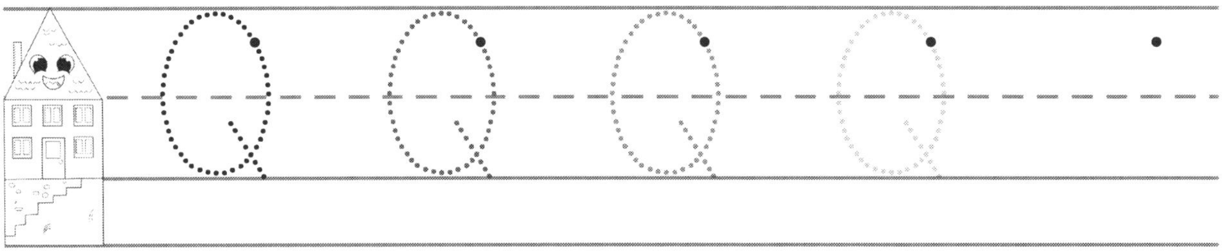

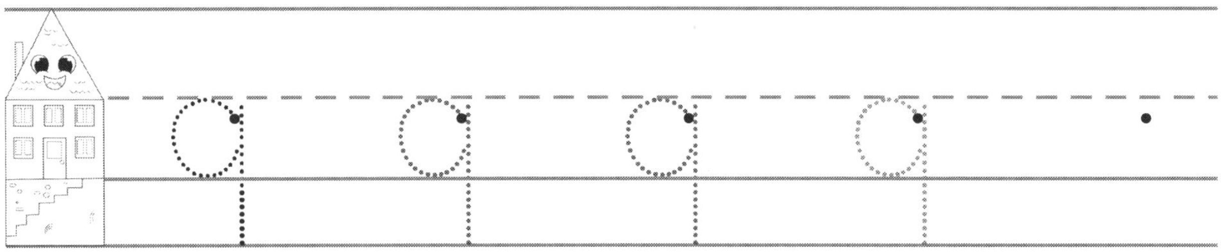

Finde den richtigen Weg zu dem Buchstaben Q

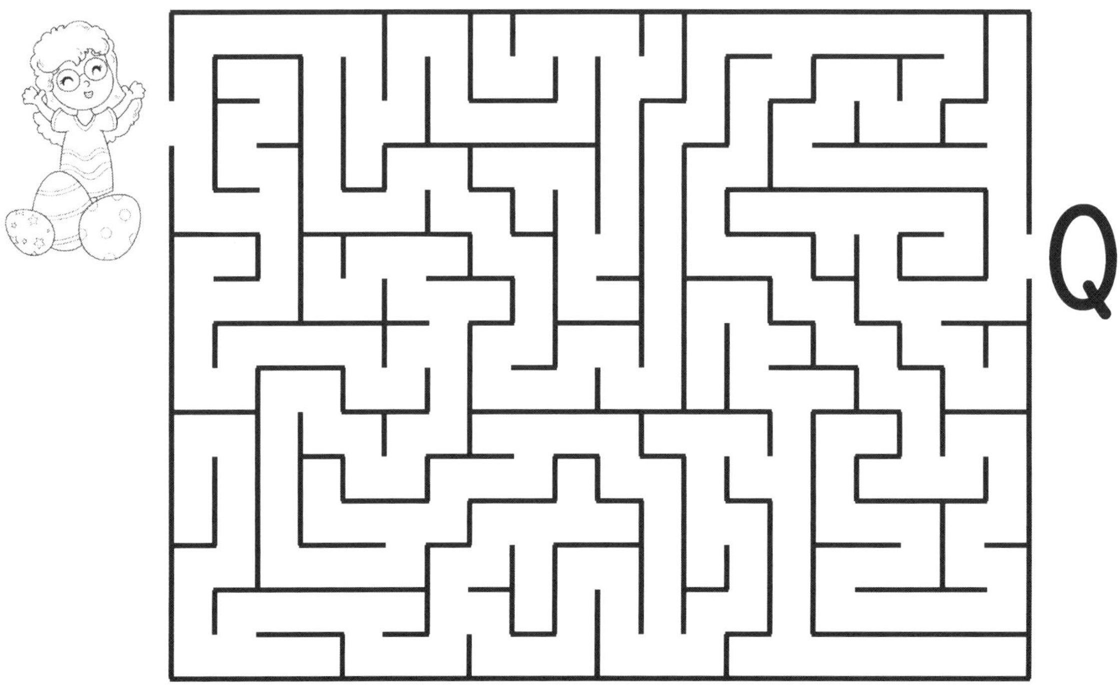

Der Buchstabe R

R wie Reh

Finde den richtigen Weg zu dem Buchstaben R

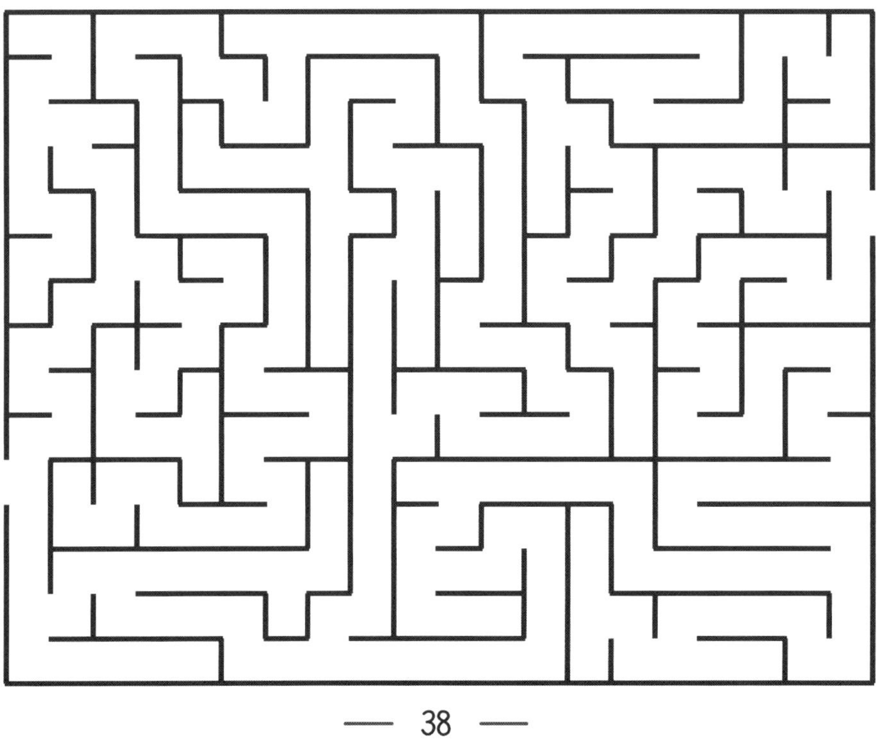

R

R
R
R
R

Der Buchstabe S

S wie Seepferdchen

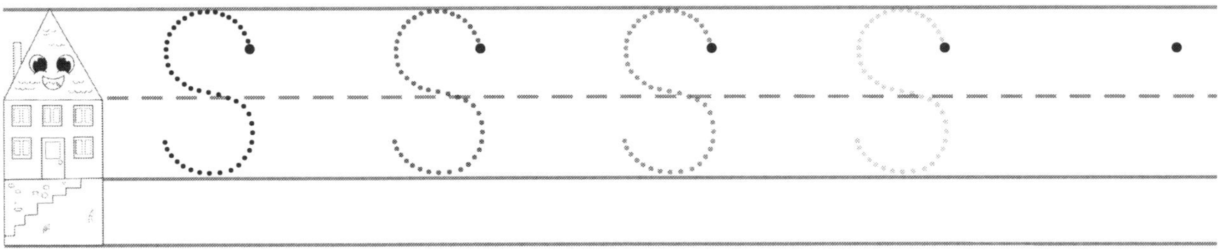

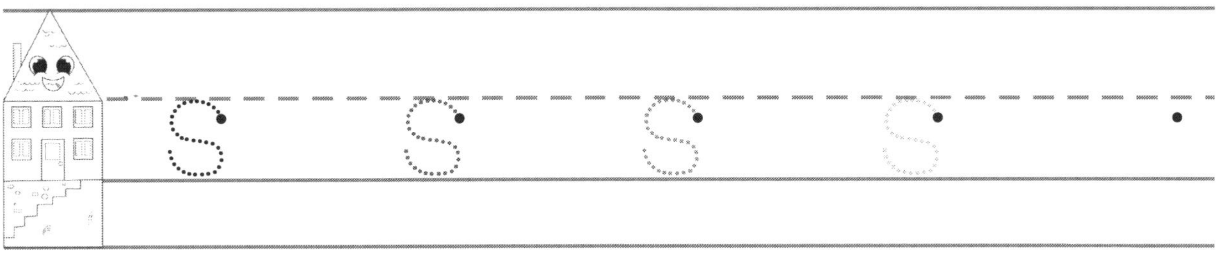

Finde den richtigen Weg zu dem Buchstaben S

Der Buchstabe T

T wie Traktor

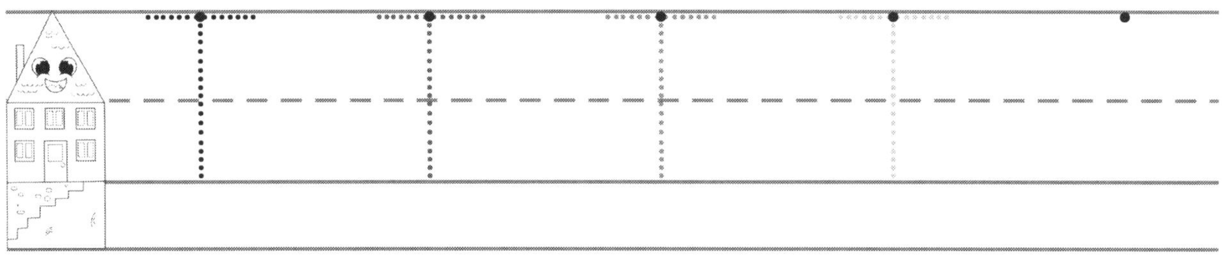

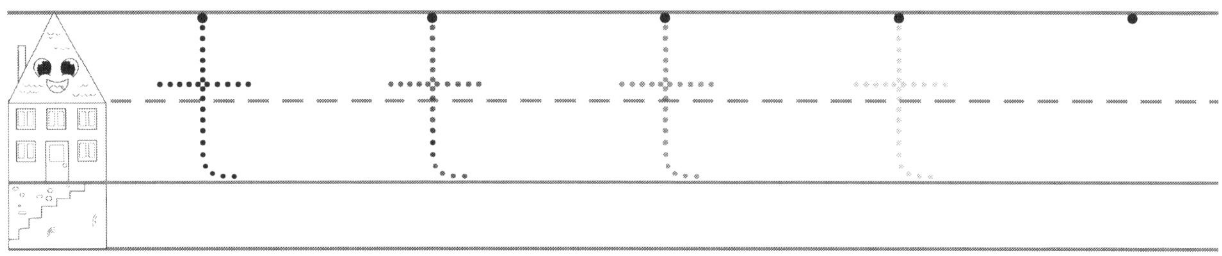

Finde den richtigen Weg zu dem Buchstaben T

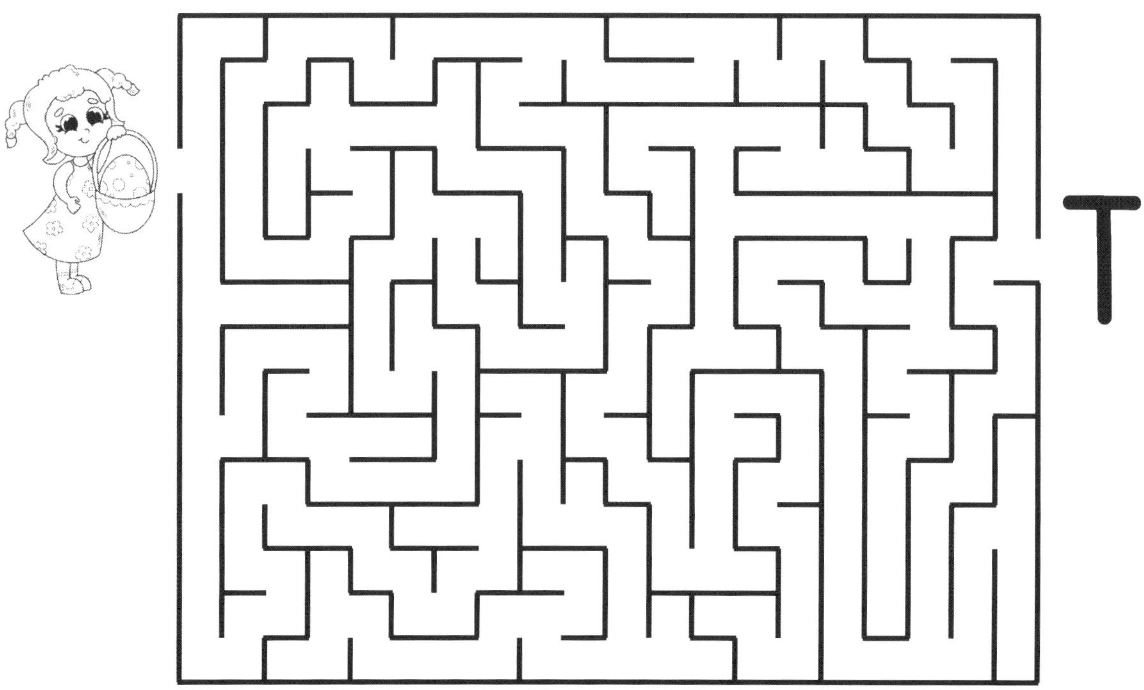

Der Buchstabe U

U wie Uhr

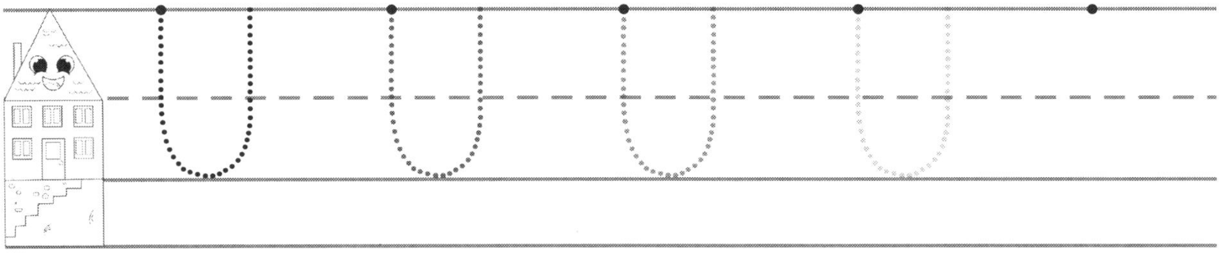

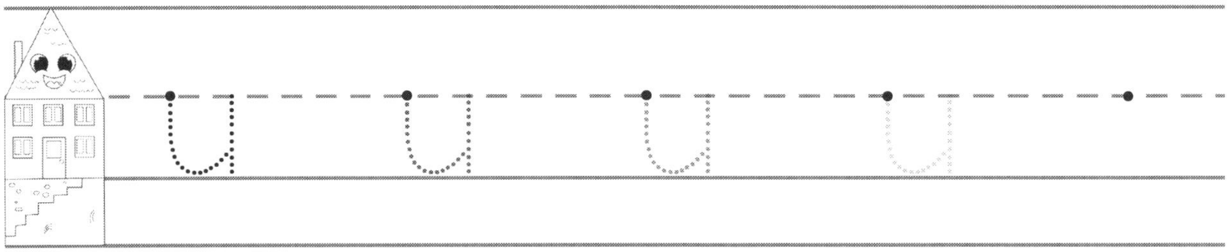

Finde den richtigen Weg zu dem Buchstaben U

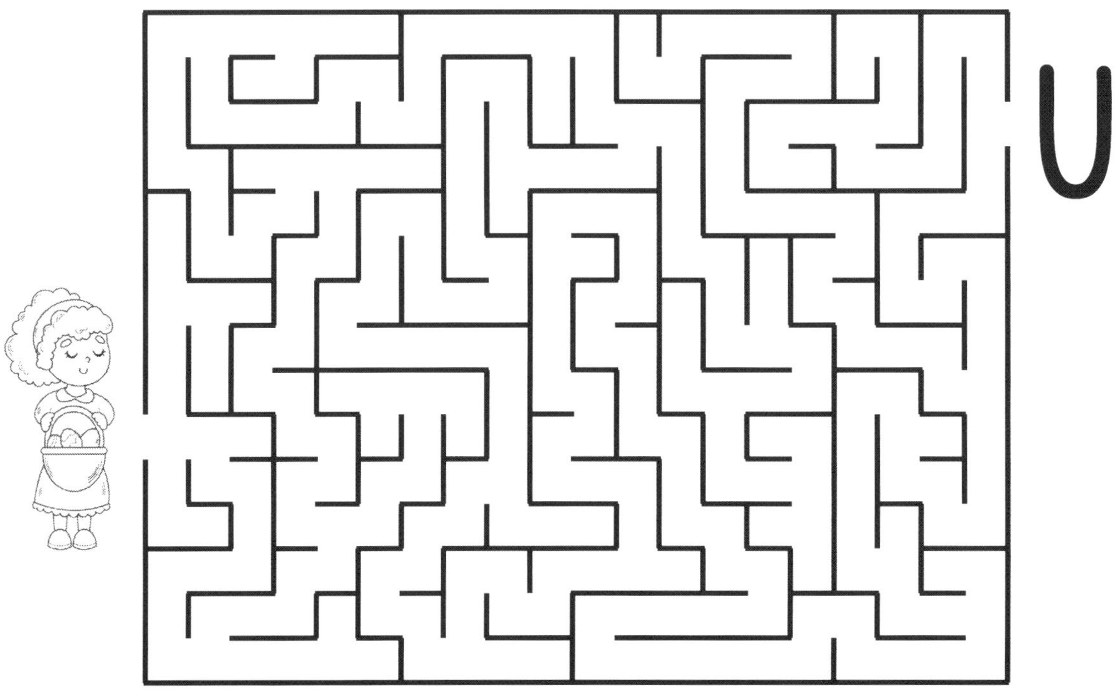

Der Buchstabe V

V wie Vampir

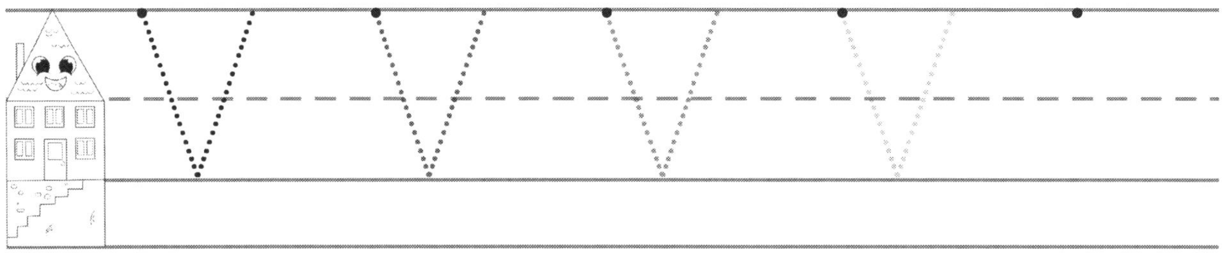

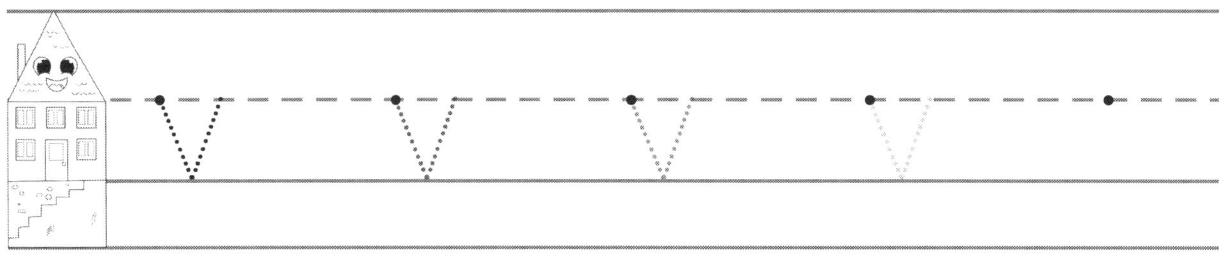

Finde den richtigen Weg zu dem Buchstaben V

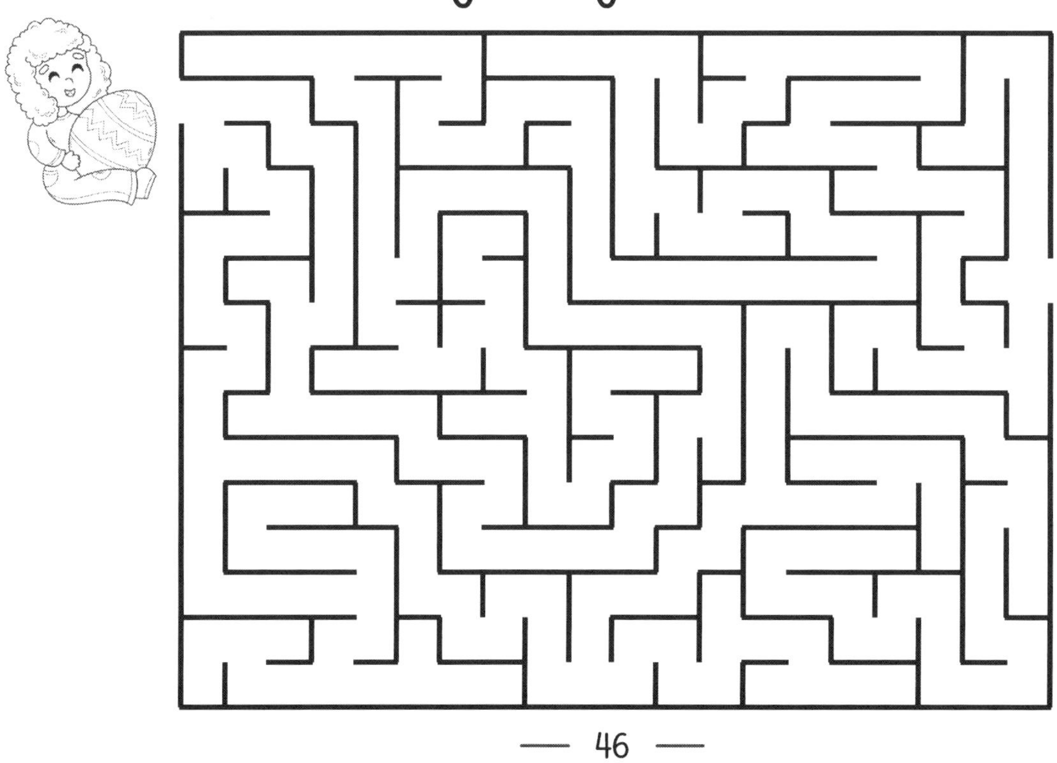

V

Der Buchstabe W

W wie Wolf

Finde den richtigen Weg zu dem Buchstaben W

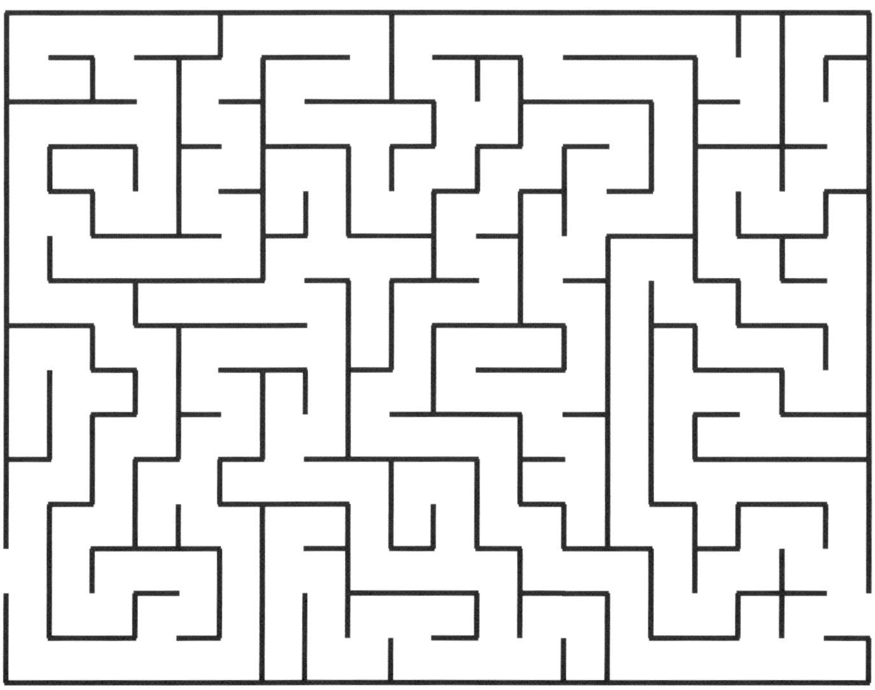

W

Der Buchstabe X

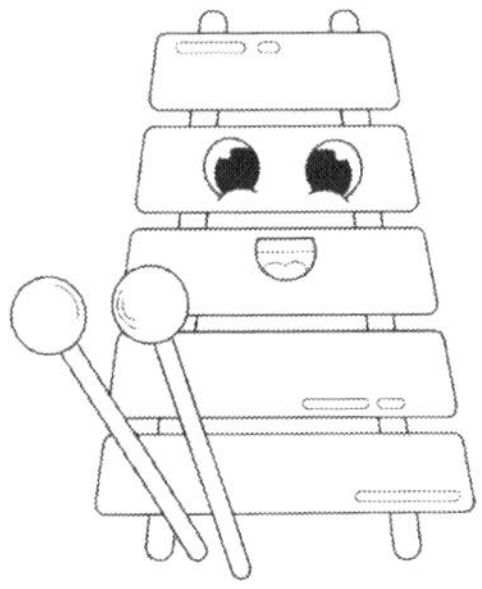

X wie Xylofon

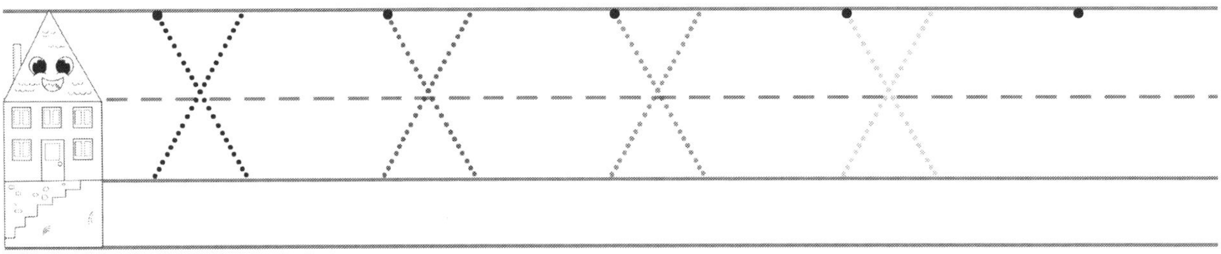

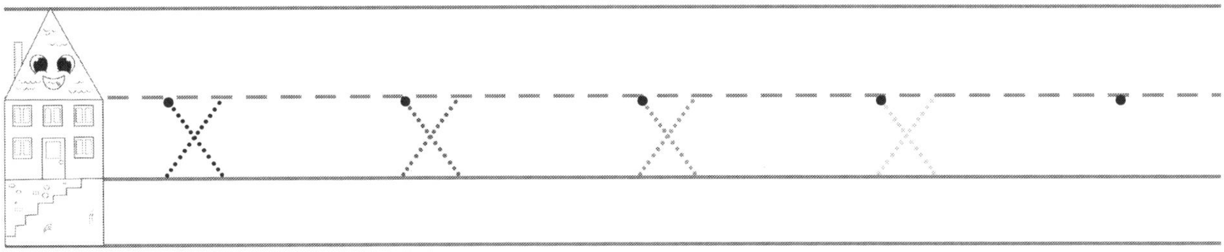

Finde den richtigen Weg zu dem Buchstaben X

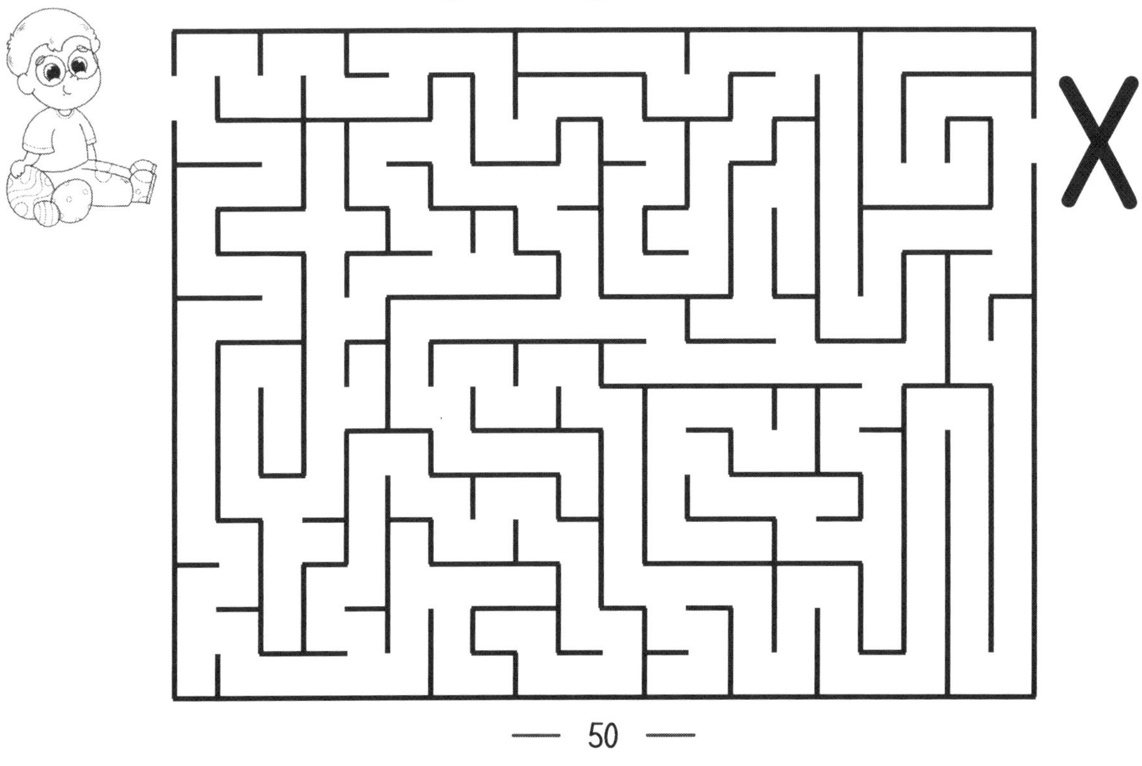

Der Buchstabe Y

Y wie Yacht

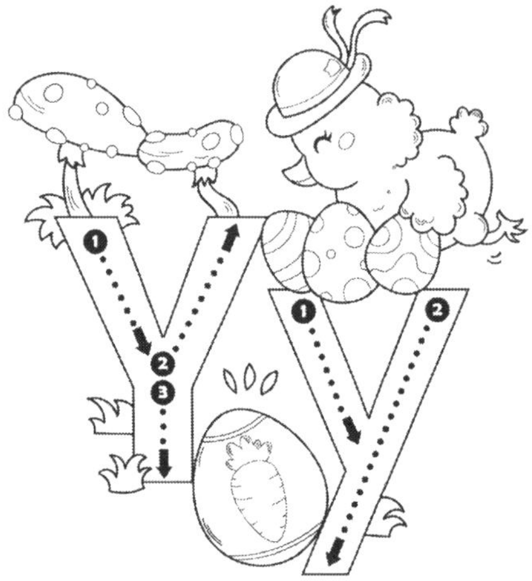

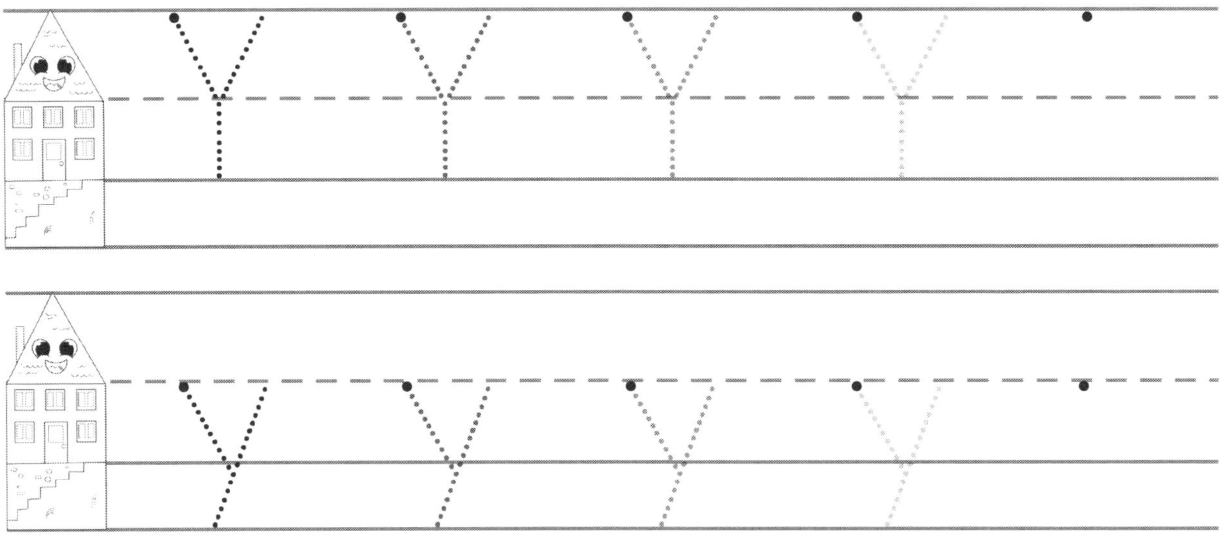

Finde den richtigen Weg zu dem Buchstaben Y

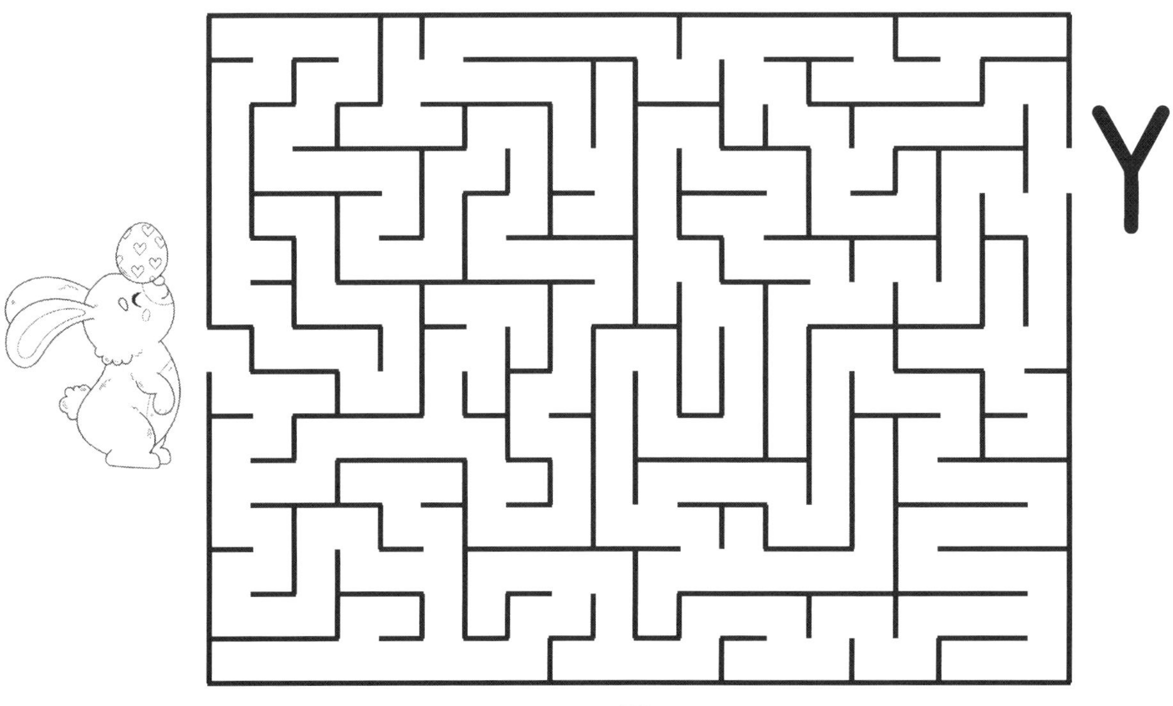

Der Buchstabe Z

Z wie Zebra

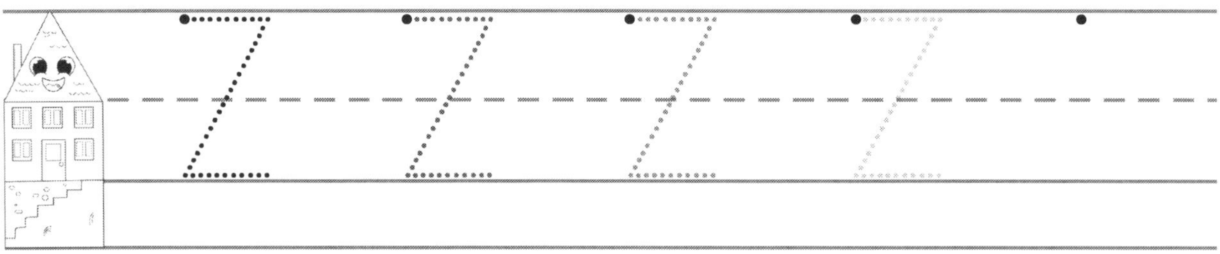

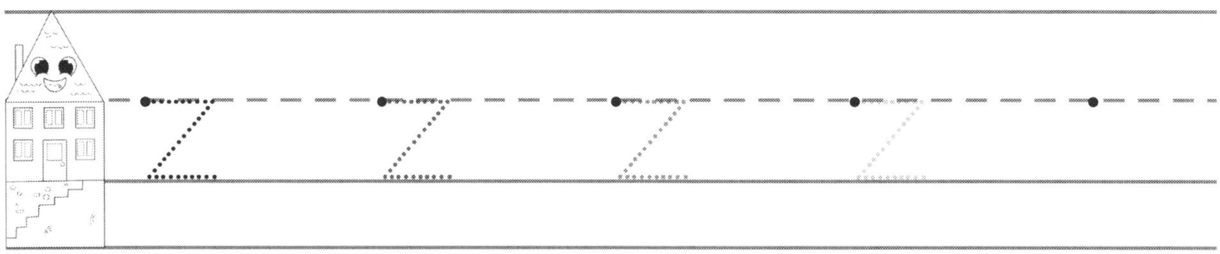

Finde den richtigen Weg zu dem Buchstaben Z

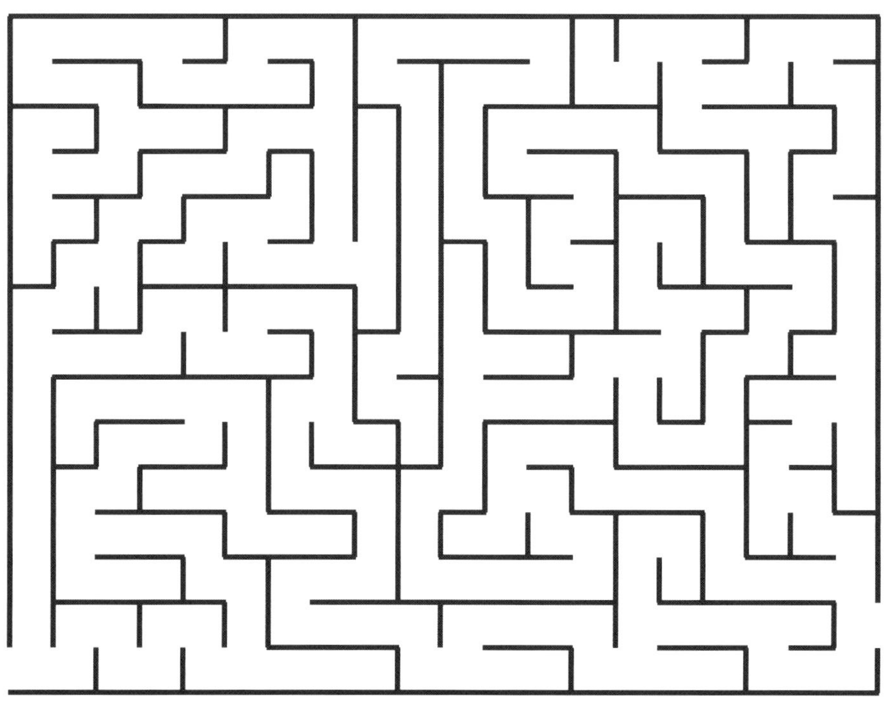

Z

Hier kannst du schwierige Buchstaben nochmal wiederholen!

Unterscheide Buchstaben und Zahlen!
Kreise nur Buchstaben ein!

A P J

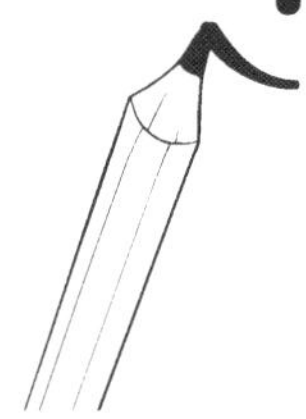

5 6

2

T 3

1

R

V H

K

F

7 N

4

E 8 9

Welcher Schatten gehört zu welchem Bild?
Verbinde richtig!

Rechts oder links?
Zeichne die richtige Pfeilrichtung ein!

Rechts oder links?
Male alle Osterhasen, die nach rechts gehen, rot aus und alle Osterhasen, die nach links gehen, blau aus!

rechts → rot   links → blau

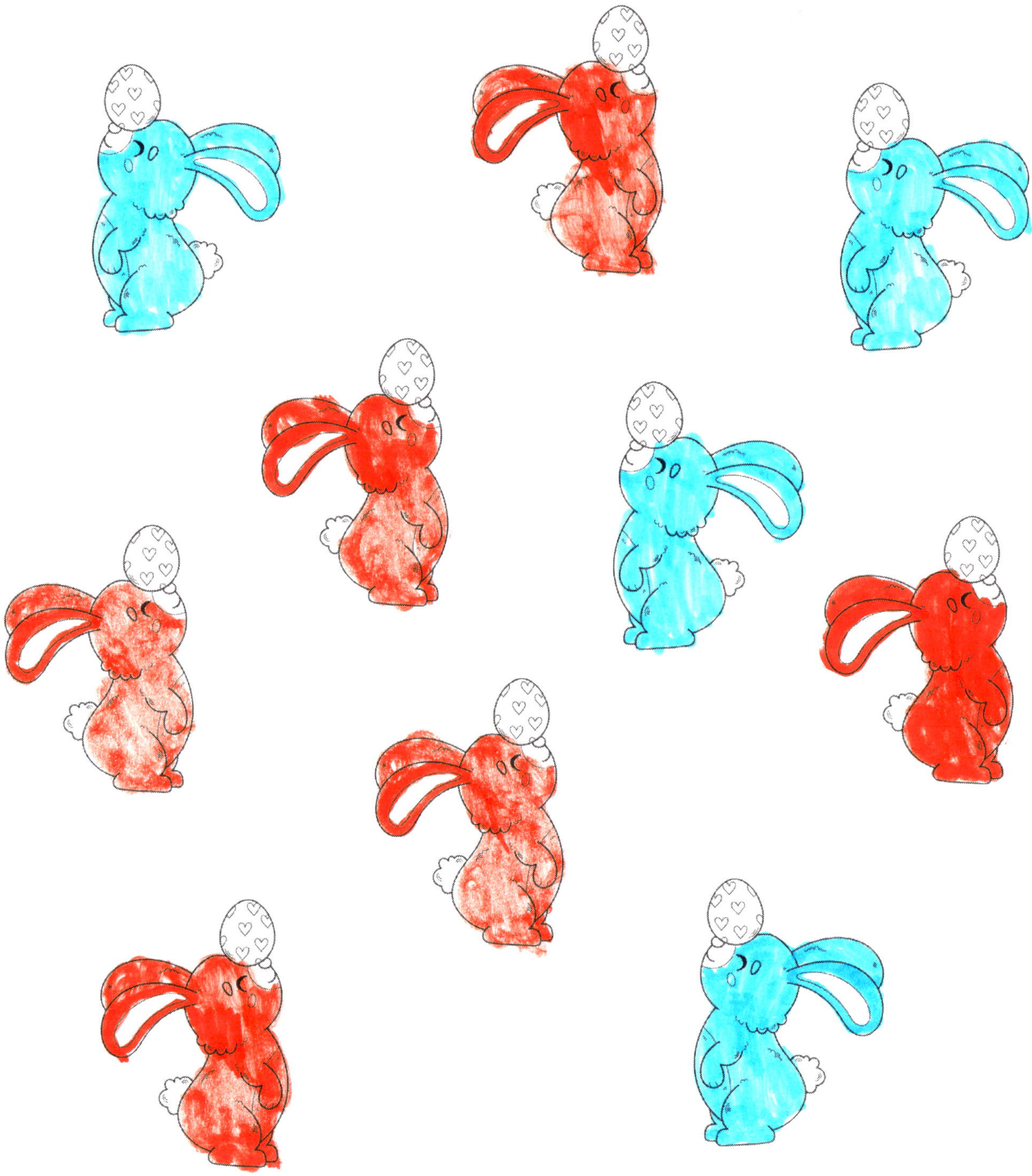

Welcher Schatten gehört zu welchem Bild?
Verbinde richtig!

Kannst du alle Ostereier finden?
Kreuze alle Kästchen mit Ostereiern an!

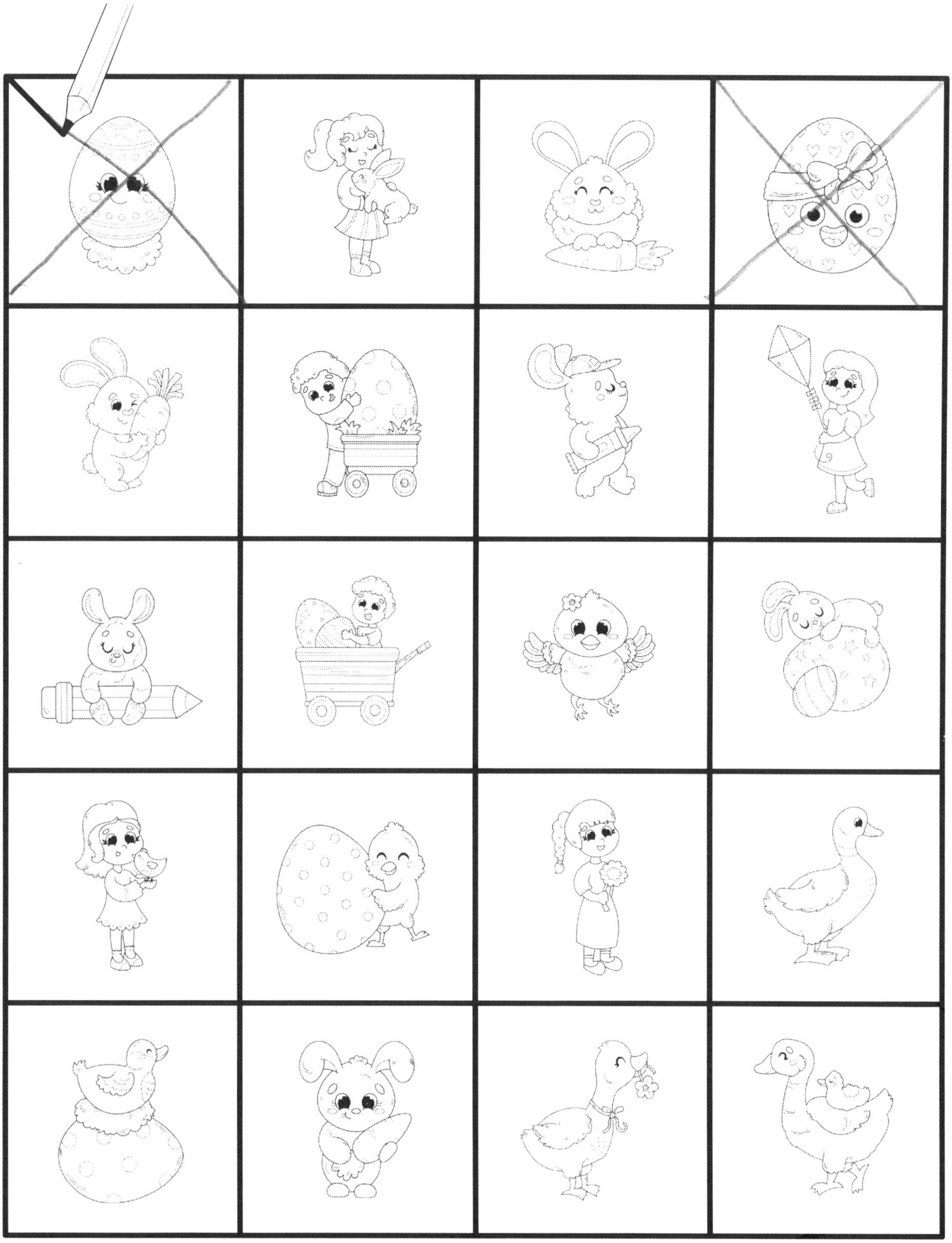

Links oder rechts?
Kreuze den richtigen Kreis an!

L R

L R

L R

L R

L R

L R

L R

L R

L R

Welcher Schatten gehört zu welchem Bild? Verbinde richtig!

Ein Bild sieht genau so aus, wie das im linken Kästchen!
Kannst du es finden?

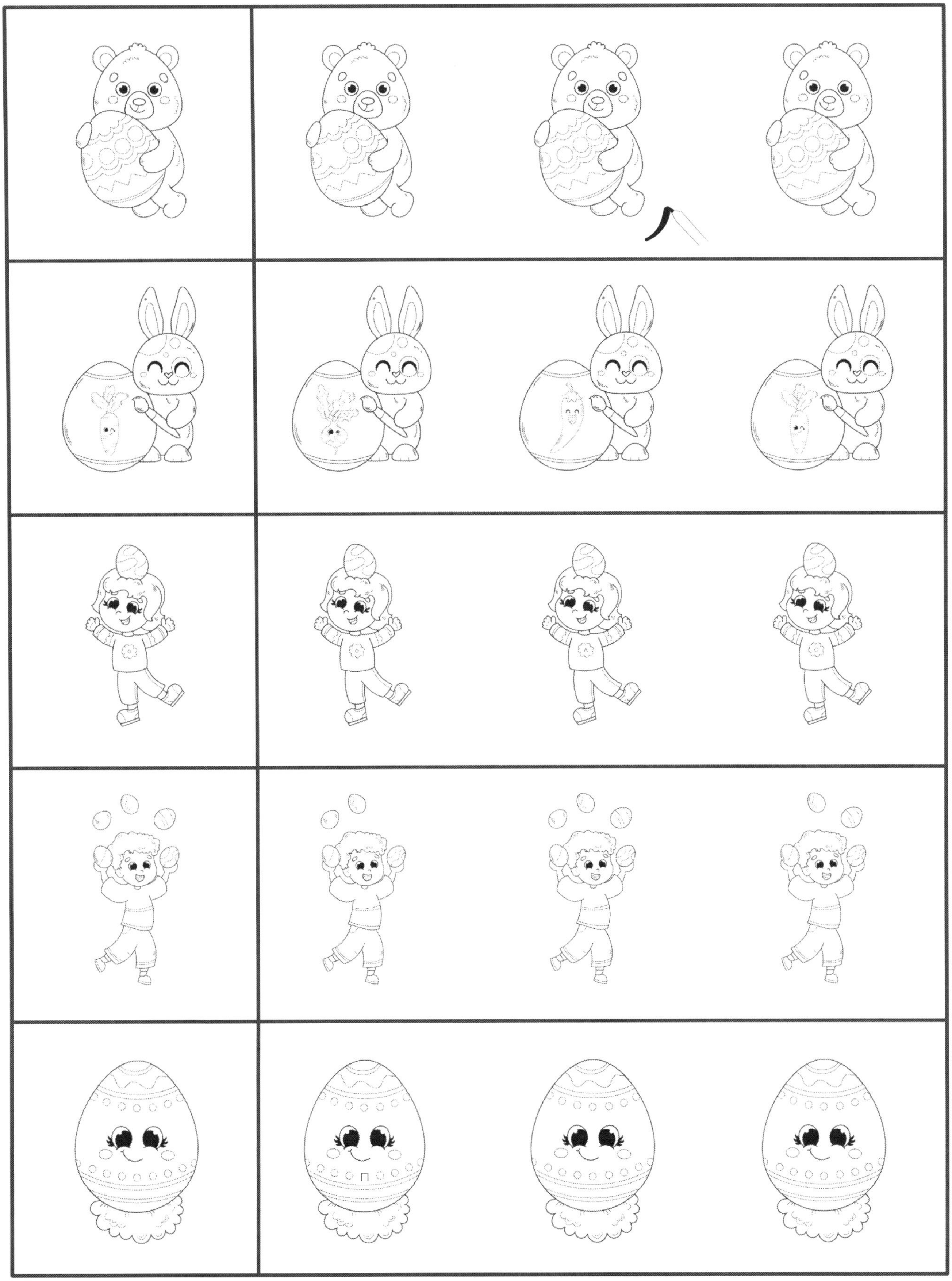

Buchstaben und Wörter sprechen lernen!
Kreuze alle Wörter an, die mit einem A beginnen
und spreche sie laut aus!

⊗ Apfel

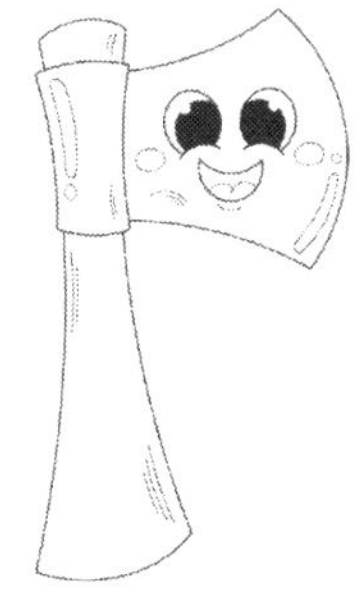

○ Axt

○ Blume

○ Finger

○ Hund

○ Arzt

○ Affe

○ Anker

Groß -und Kleinbuchstaben Wiederholung!

Finde für jeden Großbuchstaben den richtigen Kleinbuchstaben!

B → b

B ist der große Buchstabe und
b ist der kleine Buchstabe!

F → ◯

E → ◯

D → ◯

L → ◯

R → ◯

T → ◯

H → ◯

Welcher Schatten gehört zu welchem Bild?
Verbinde richtig!

Der Buchstabe „A“!

Unterstreiche in jedem Wort den Buchstaben „A“!

KOALA

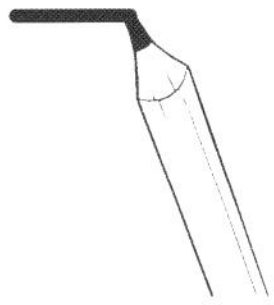

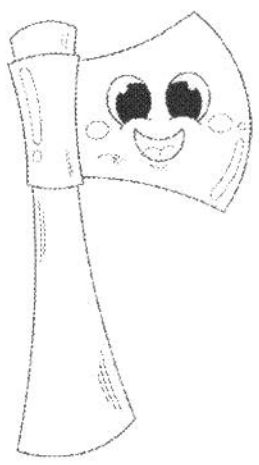

AXT

PAPA

ANANAS

BANANE

BALL

Verbinde 2 passende Hälften miteinander!

Streiche den Buchstaben durch, der nicht in die Reihe passt!

R R ~~P~~ R R R

A N N N N N

E E Z E E E

A A A E A A

O O O O U O

T V T T T T

S S S Y S S

B B B B B P

Buchstaben und Wörter sprechen lernen!
Kreuze alle Wörter an, die mit einem B beginnen
und spreche sie laut aus!

⊗ Bär

○ Einhorn

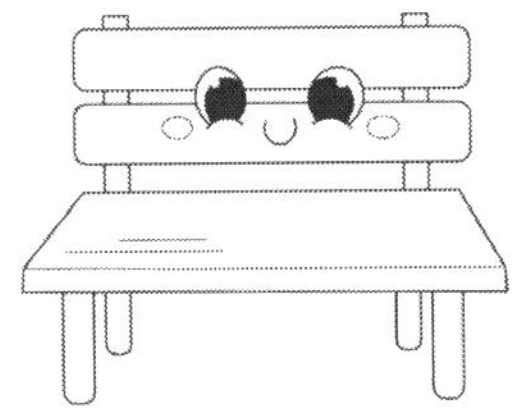

○ Bank

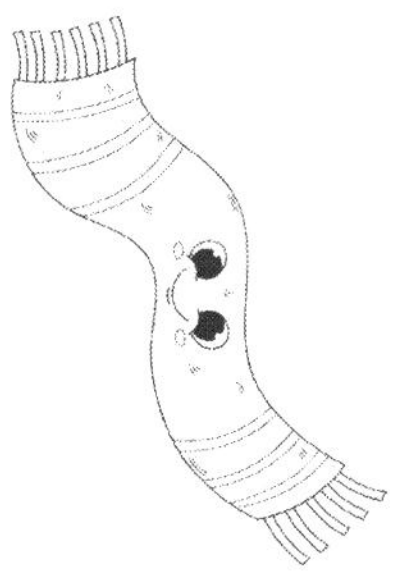

○ Schal

○ Krone

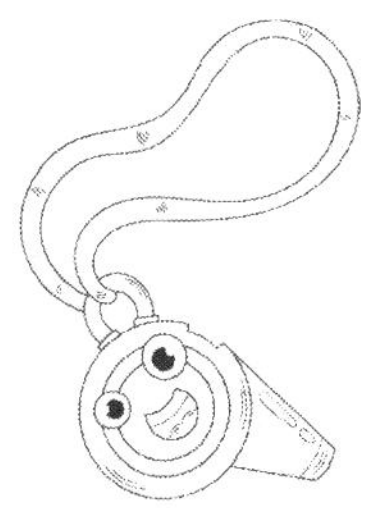

○ Pfeife

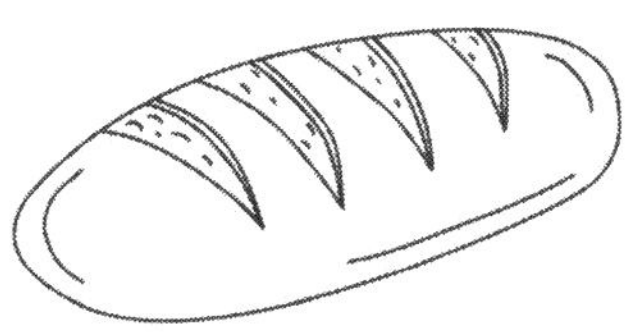

○ Brot

○ Banane

Welcher Schatten gehört zu welchem Bild?
Verbinde richtig!

In jeder Reihe sind zwei Wörter genau gleich!
Kreise die Wörter ein!

MIMI MAMO MAMA MAMA

PAPO PAPA PUPA PAPA

OMA OMU OMO OMA

OPO OPE OPA OPA

BAHL BALL BAL BALL

BUC BUCH BUSCH BUCH

TEDDY TEDY TEDDI TEDDY

Verbinde 2 passende Hälften miteinander!

Groß -und Kleinbuchstaben Wiederholung!

Finde für jeden Großbuchstaben den richtigen Kleinbuchstaben!

(a) → (A)

a ist der kleine Buchstabe und
A ist der große Buchstabe!

(g) → ( )

(i) → ( )

(m) → ( )

(n) → ( )

(w) → ( )

(k) → ( )

(u) → ( )

Emil lernt das Alphabet!

Kannst du ihm helfen und die Buchstaben in der richtigen Reihenfolge aufschreiben?

P X J V G E T Z Q A M B U N K S Y H O C W F I D R L

A ____ B ____ ____ ____ ____

____ ____ ____ ____ ____

____ ____ ____ ____ ____

____ ____ ____ ____ ____

____ ____ ____ ____ ____

____

Die Zahl 0

null

Kreise die Zahl 0 ein!

4 1 0 5 6 7 0

0 9 8 0 0 2 4

6 3 7 1 3 9 8

0 2 0 5 0

Die Zahl 1

eins

Kreise die Zahl 1 ein!

9 3 5 0 5 4
6 2 1 7 5 1
6 4 3 0
2 8 9 2 8 3
4 7 1 1

Die Zahl 2

zwei

Kreise die Zahl 2 ein!

7 1 4 2 0 2 5

2 9 3 4 6 7

3 5 8 0 8 9 2

2 6 2 2 2 1

Die Zahl 3

drei

3 3 3 3

3 3 3 3

Kreise die Zahl 3 ein!

4 3 5 1 0 3 6 3

3 4 8 7 3 5 8 9 0

6 2 2 3 9 1 7 3

(3)

Die Zahl 4

vier

Kreise die Zahl 4 ein!

4 5 1 0 9 4

5 6 3 4 8 4 7

8 4 9

3 4 2

0 6 2 1 7 4

4

Die Zahl 5

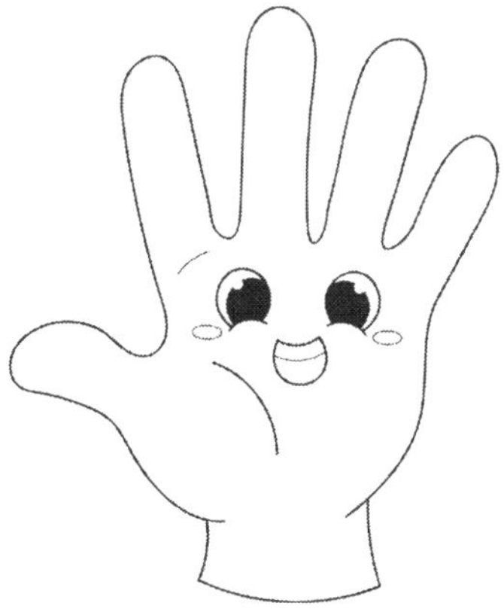

fünf

Kreise die Zahl 5 ein!

4 1 4 1 5 9

8 5 2 5 7 3 5

0 6 9 3 6 5 7

5 2 5 5 0 8

Die Zahl 6

sechs

Kreise die Zahl 6 ein!

6 4 1 6 4 9

3 6 0 2 6

7 6 8 3 5 5 8 0

7 2 6 6 1 9 6

Die Zahl 7

sieben

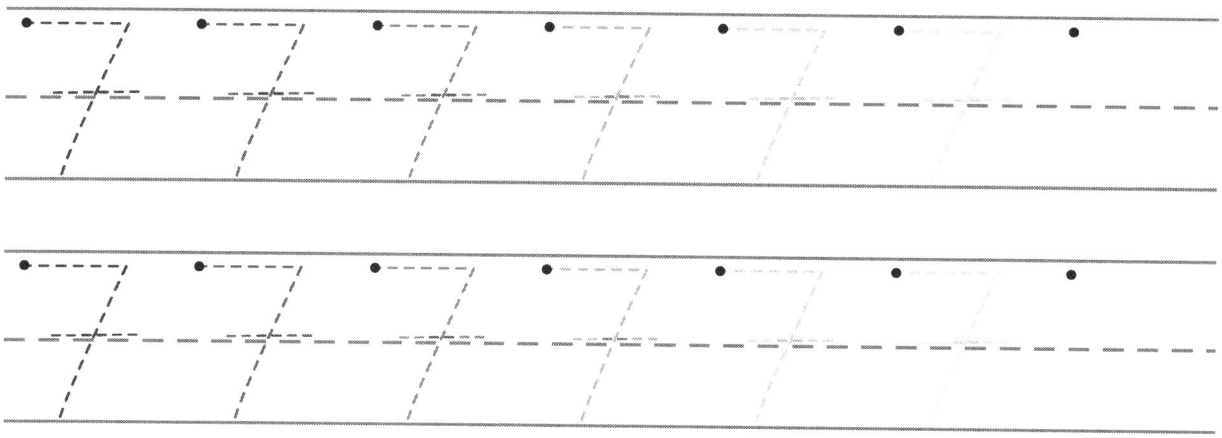

Kreise die Zahl 7 ein!

4 7 5 1 3 5 7

8 6 2 7 4 7 0 7

6 1 9 3

7 2 7 7 8 0 9

Die Zahl 8

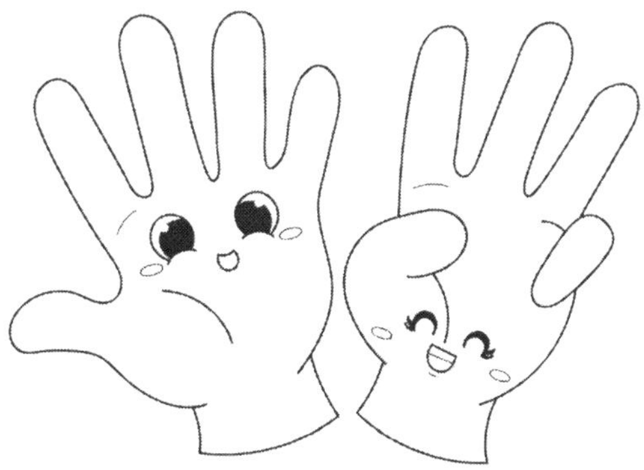

acht

Kreise die Zahl 8 ein!

2 8 0 8 9 5

8 1 0 8 4 1 6 8

9 6

5 4 7

8 7 2 3 8 3

8

Die Zahl 9

neun

9 9 9 9 9 9

9 9 9 9 9 9

Kreise die Zahl 9 ein!

9 8 9 0 6 9 0

4 5 7 1 5 9 2

7 1 3 3 8 6

9 2 9 9 4 9

Die Zahl 10

zehn

10 10 10 10

10 10 10 10

Kreise die Zahl 10 ein!

10 5 4 10 10 6 7

9 2 4

5 10 3 8 7 10

6

9 4 3 2 5 6

10 8

10

10
10
10

Hier kannst du schwierige Zahlen nochmal wiederholen!

Alle Bilder haben etwas gemeinsam, nur ein Bild passt nicht zu den anderen!

Kreise das Bild, welches nicht passt ein!

Verbinde die Ostereier der Größe nach!
Beginne mit dem kleinsten Osterei!

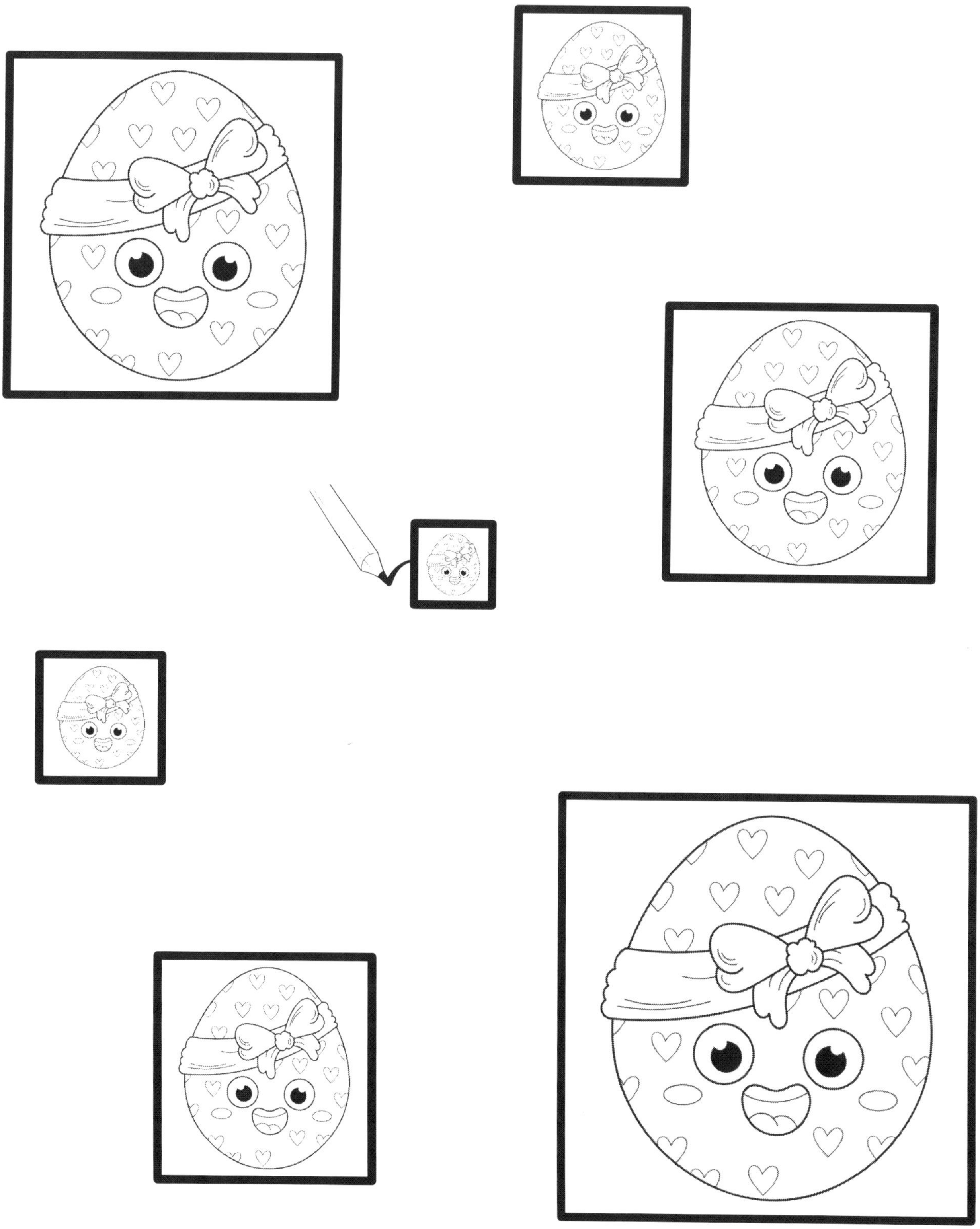

Ordne die Bilder der Größe nach von 1 bis 3!

Beginne mit dem kleinsten Bild!

Zähle die Finger und verbinde 2 gleiche Hände miteinander!

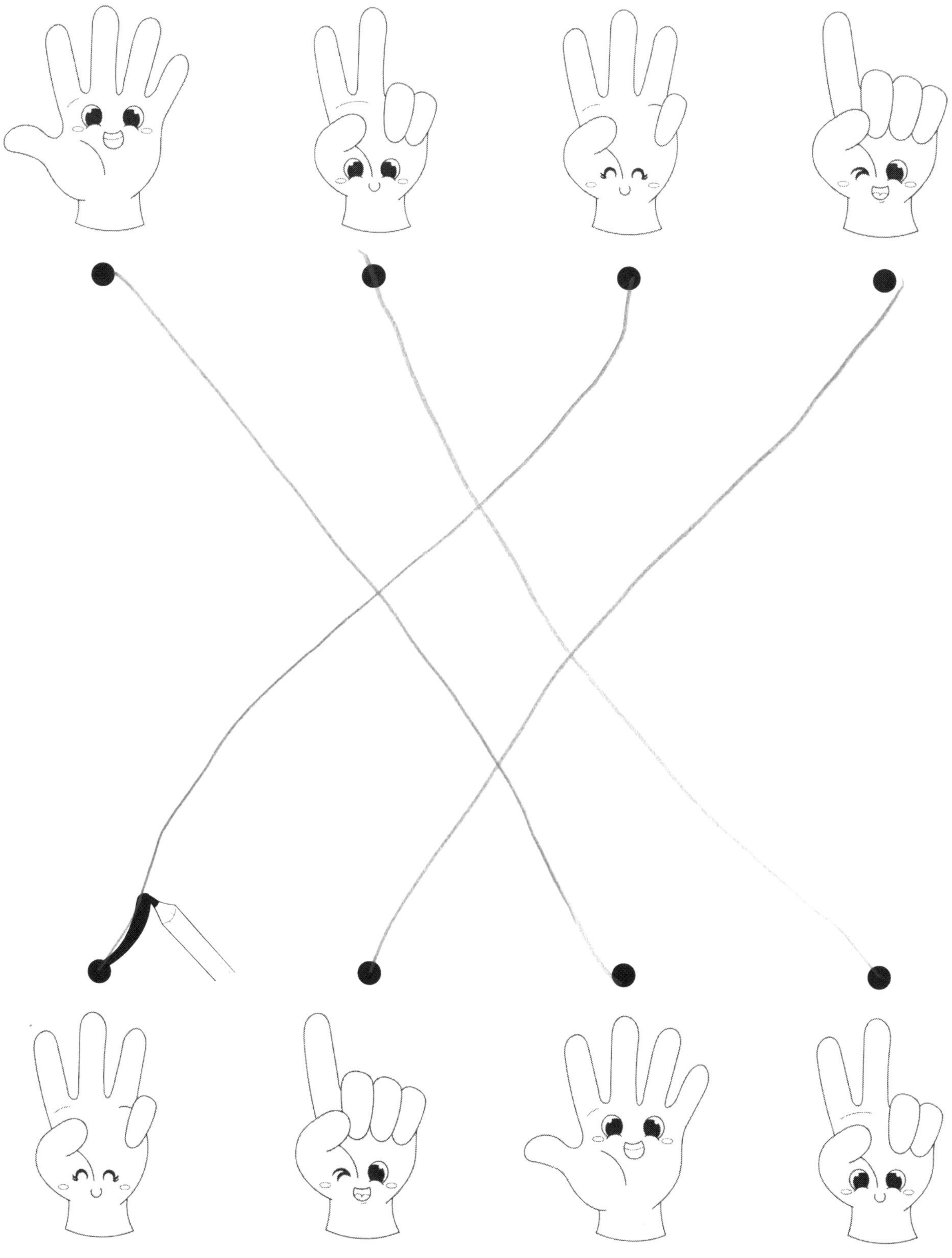

Welches Kind bekommt welches Osterei?
Verbinde richtig!

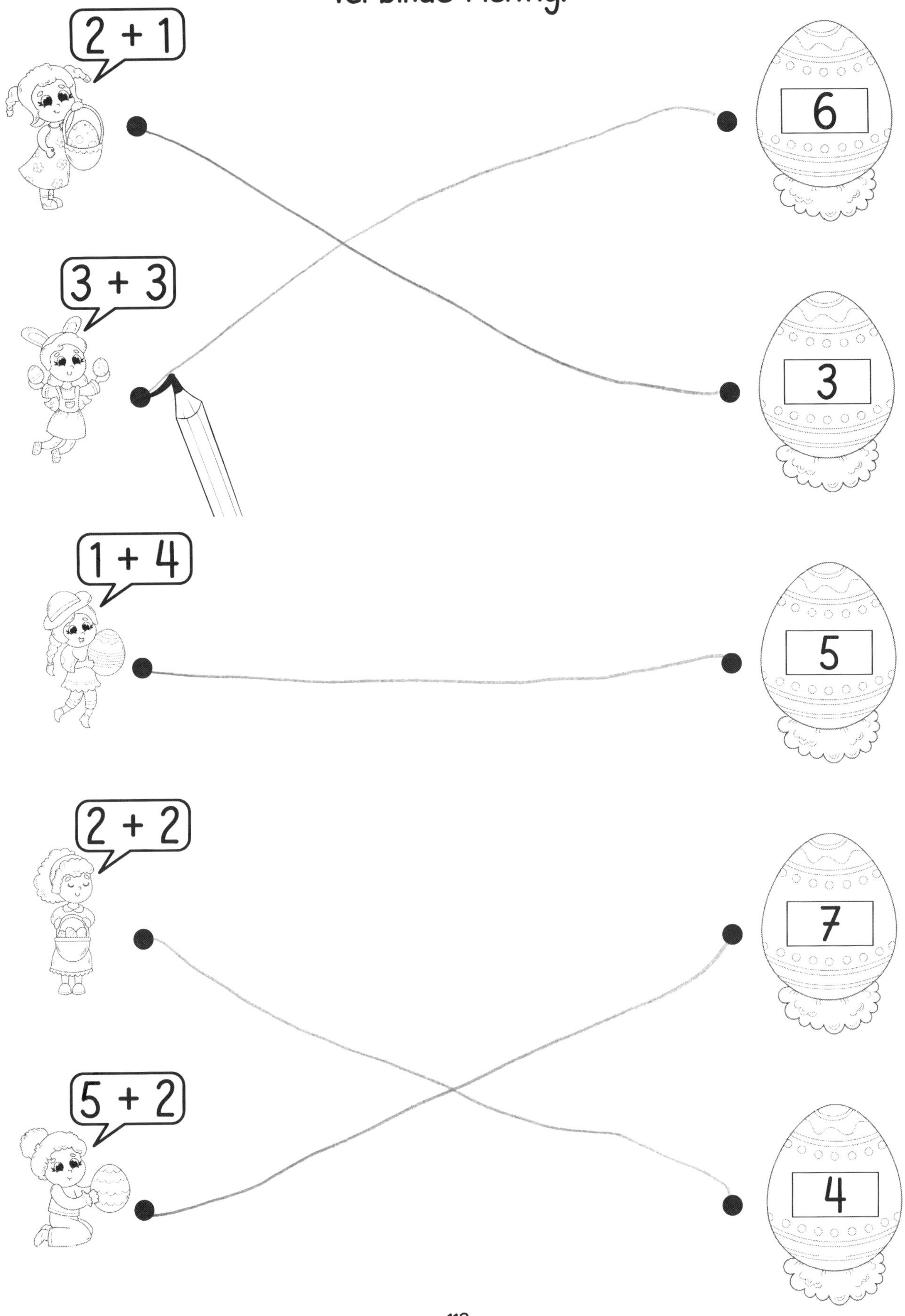

Wie viele Bilder kannst du zählen?
Kreise die richtige Zahl ein!

1 2 3 4

2 3 4 5

1 2 3 4

1 2 3 4

Wie viele Osterhasen kannst du zählen?

Ich zähle________ Osterhasen.

Wie viele Bilder kannst du zählen?
Kreise die richtige Zahl ein!

3
4
5
6

7
8
9
10

7
8
9
10

7
8
9
10

Kreise in allen Ballons die größte Zahl ein!

Welcher Schatten gehört zu welchem Bild?
Verbinde richtig!

Verbinde die Kästchen miteinander, die die gleiche Anzahl an Bildern haben!

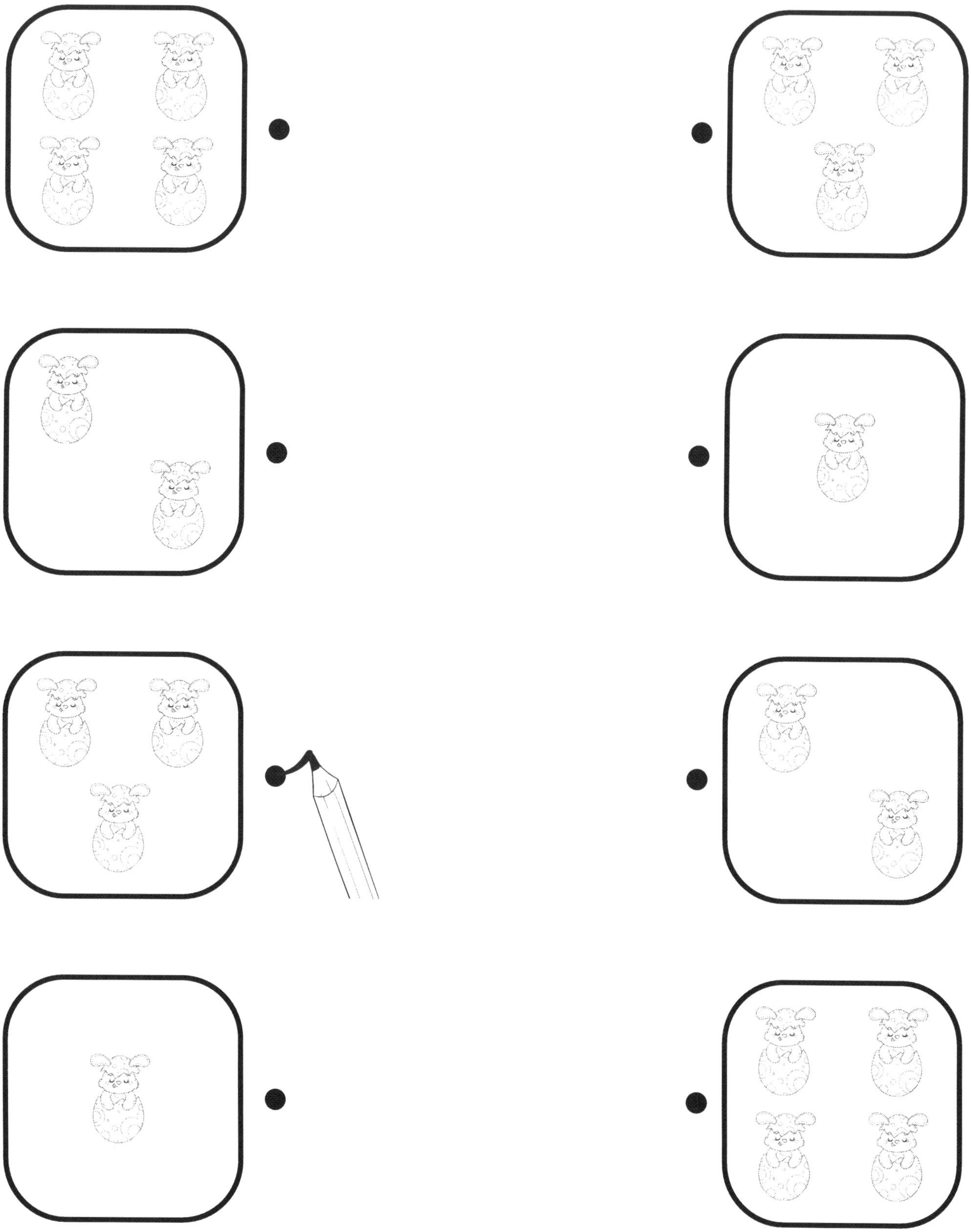

Zähle die Punkte auf den zwei Würfeln und kreise das richtige Ergebnis ein!

5 6 7 8 9

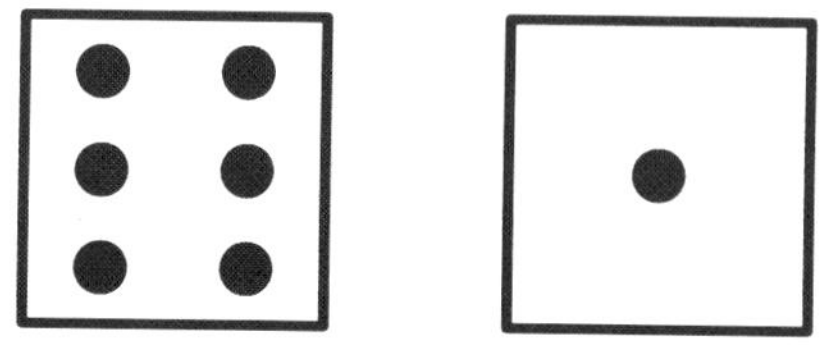

5 6 7 8 9

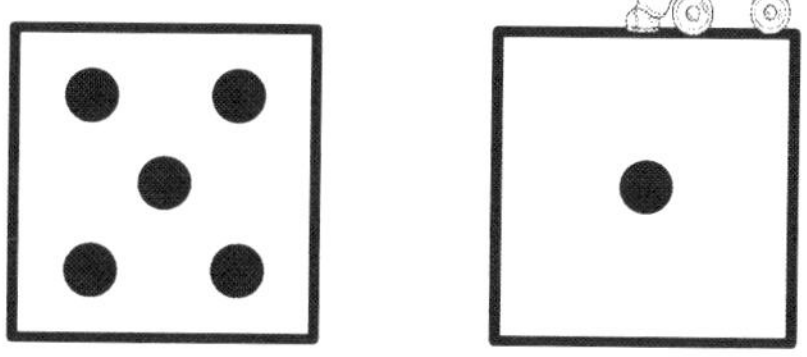

5 6 7 8 9

5 6 7 8 9

6 7 8 9 10

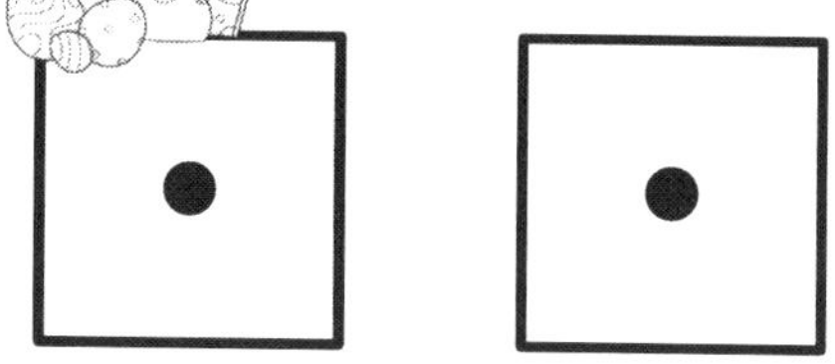

1 2 3 4 5

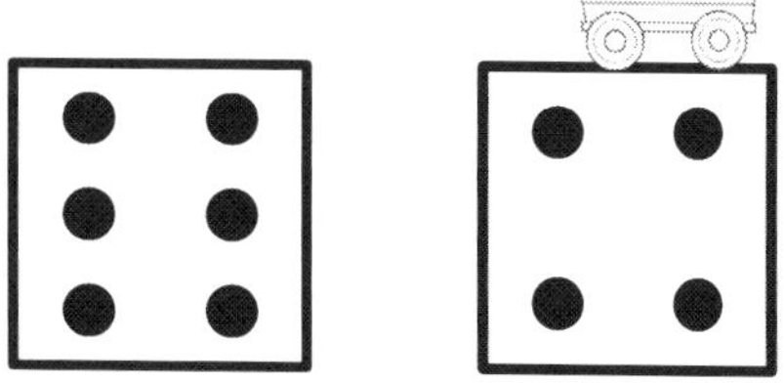

6 7 8 9 10

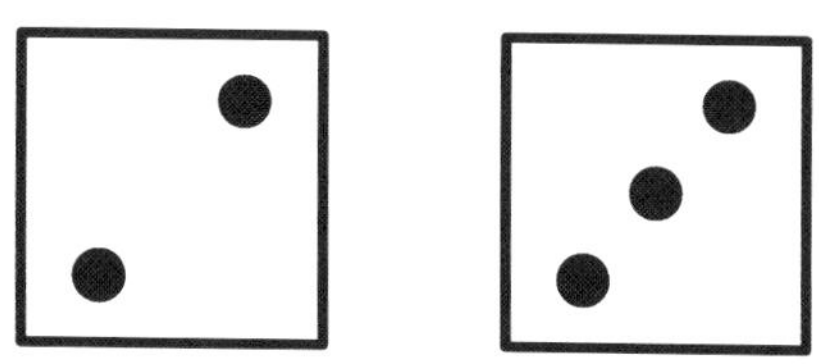

5 6 7 8 9

Löse das Zahlen-Labyrinth!
Starte bei der Zahl 1 und finde den Weg zu der Zahl 10!

2	1	2	8	7		1	10	2	5
4	8	3	4	5	9	4	3	1	4
1	3	10	9	6	10	1	2	5	8
			3	7	4			3	7
1	7	6	5	8	2			6	9
6	3	5	4	9	6	9	6	4	8
8	10		2	10	7	7	9	10	

Welche Zahlen fehlen in den Zahlenreihen?
Schreibe die fehlenden Zahlen in die Kästchen!

			4	5	6	7	8	9	10
1	2		4		6	7	8		10
1		3		5	6	7	8	9	
1	2	3	4	5	6	7			
1		3	4		6		8	9	10
1	2	3		5	6		8		10

Kannst du die Zahlen in die richtige Reihenfolge bringen?

6 – 3 – 1 – 9 – 8 → 1 3 6 8 9

1 – 3 – 2 – 10 – 5 → ___ ___ ___ ___ ___

10 – 9 – 8 – 7 – 6 → ___ ___ ___ ___ ___

4 – 2 – 1 – 7 – 6 → ___ ___ ___ ___ ___

7 – 1 – 2 – 8 – 3 → ___ ___ ___ ___ ___

Im linken Haus findest du ganz viele Zahlen!
Trage in das rechte Haus die passende Anzahl an Punkten ein!

6	
5	1
4	2
3	3
1	5

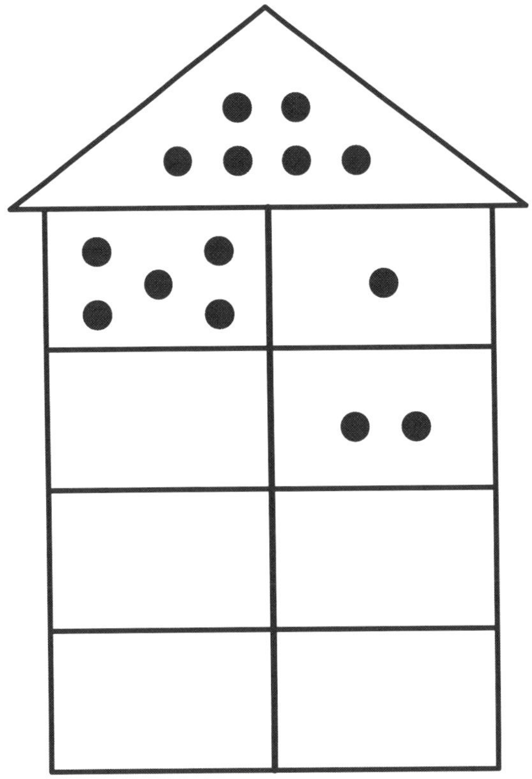

8	
7	1
6	2
5	3
4	4

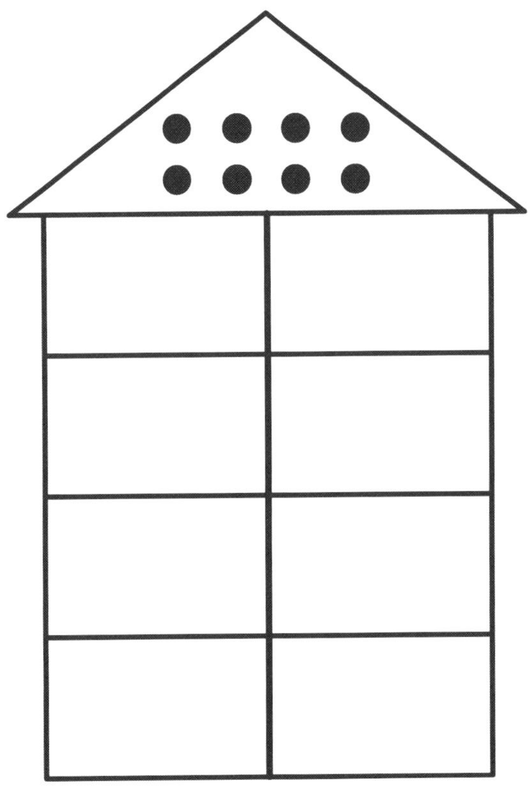

Kannst du die Aufgabe lösen?

Zähle die Bilder und trage die richtigen Zahlen in die Kreise ein!

1 + ◯ = 3

◯ + ◯ = ◯

◯ + ◯ = ◯

Wir üben das Plusrechnen!

1 + 1 = 2

1 + 6 = 7

2 + 4 = ☐

2 + 2 = ☐

3 + 2 = ☐

3 + 1 = ☐

4 + 4 = ☐

4 + 3 = ☐

5 + 4 = ☐

5 + 1 = ☐

6 + 2 = ☐

6 + 1 = ☐

Kannst du die Aufgabe lösen?

Zähle die Bilder und trage die richtigen Zahlen in die Kreise ein!

5 – ◯ = 2

◯ – ◯ = ◯

◯ – ◯ = ◯

Jede Reihe muss als Lösung die Zahl im Dach ergeben!
Schaffst du es, alle Aufgaben zu lösen?

7	
4	3
	1
5	

8	
4	
	6
1	

9	
	8
1	
	3

10	
6	
	3
8	

Wir üben das Minusrechnen!

6 − 5 = 1

5 − 1 = 4

3 − 2 = □

4 − 1 = □

6 − 3 = □

2 − 1 = □

5 − 3 = □

5 − 2 = □

4 − 3 = □

3 − 1 = □

6 − 2 = □

6 − 4 = □

Schlusswort

Ich hoffe, ich konnte Ihrem Kind und Ihnen mit diesem Buch eine Freude bereiten und ich danke Ihnen von Herzen, dass Sie dieses Buch gekauft haben!

Ihre

Lilly Wiesmann

Impressum: Hannes Rückert
Heuweg 19b, Stralsund 18437

Printed in Poland
by Amazon Fulfillment
Poland Sp. z o.o., Wrocław

18235627R00076